# イタリア魚介料理

「伝統料理」から「現代料理」まで。

ANTIPASTO
PRIMO PIATTO
SECONDO PIATTO

旭屋出版

## さらに魅力の高い魚介料理を

　ここ数年来の肉料理ブームで、あまり話題を集めることが少なくなった魚介料理ですが、本来、日本人は魚介好き。四方を海に囲まれて魚が身近な食べものであったことから、古くからさまざまな料理で楽しまれてきました。

　イタリアも同様で、地中海をはじめ豊富に獲れる魚介を活かし、日本と同様に北から南まで各地に魅力の高い魚介料理が、伝統料理として伝わっています。日本人にとって身近な魚介が、イタリア料理独自の技法と知恵を活かすと、これまでにない新たな魅力で楽しめる…。こうしたことも、イタリア料理が日本で定着した理由の一つではないかと思います。

　また、魚介は身近な素材というだけでなく、白身魚、赤身魚、青魚、イカやタコ、エビやカニ、貝類…と種類は豊富で、四季で旬を迎えるさまざまな種類があります。さらに日本独自の魚の楽しみ方として、出世魚のように幼魚から成魚と季節を変えて味わいを楽しむことのできる魚もあります。しかもそれらは、部位ごとの味わいの違いもあります。魚種が非常に多い日本では、一年を通して、バリエーションの非常に豊富な料理を提供することも大きな魅力です。

　そして何よりも、新鮮さを重視する日本では、素晴らしい鮮度と質の魚介が手軽に扱えるのも利点で、"本家"をしのぐほど魅力の高い料理を作ることもできます。そして質の高さを前提にすれば、それを活かすためにはイタリアの伝統的な調理法を「超えた」技法が求められる時代にもなってきています。

　そこで魚介料理に焦点を当て、アンティパスト、プリモピアット、セコンドピアットのそれぞれに、イタリア各地に伝わる伝統的な魚介料理や、イタリア料理の技法を使った新しい料理を、気鋭のシェフ6人のかたに取材。各人が魚介を扱うに当たって心がけていることを含めて、四季で楽しめる魚介料理を紹介していただきました。

　なお本誌では、アンティパストはマリネ、燻製、グリル、フリット…といった調理別に。プリモピアットはロングパスタ、ショートパスタ、ズッパ・ミネストラ、リゾット…といった項目別に。セコンドピアットは白身魚、青魚、貝類、エビ・カニ…といった魚種別に構成しました。

　季節の変化を楽しみ、四季の味覚として欠かせない魚介料理。イタリア料理が定着し多くの人がその料理を口にする機会が増えた今日、イタリア料理の考え方を基本に据えながらも、日本独自の素材を活かす考え方や技法で魅力を深化させた料理が、ますます必要になってきます。

　シェフの提案する料理を、これからの魚介料理を勉強したいと考えているかたにとっての、新しい視点を得る際の参考にしていただけると幸いです。

旭屋出版　編集部

シェフ＆店紹介

## ANA クラウンプラザホテル熊本ニュースカイ　レストラン　サンシエロ

臼杵哲也
（うすき・てつや）

全国に17店舗を展開するANAクラウンホテルプラザの熊本店。レストラン『サンシエロ』はホテル1階に位置し、気軽に利用できることから、ホテル利用客をはじめ幅広い層に利用されている。臼杵哲也シェフは、大阪あべの辻調理師専門学校卒業後、大阪のフランス料理店に3年間勤務し、熊本全日空ホテルニュースカイ（現ANAクラウンプラザホテル熊本ニュースカイ）に入社。2009年『サンシエロ』料理長就任。熊本の食材を使った料理で人気を集め、料理イベントや料理講習会などでも活躍。公益社団法人　全日本司厨士協会会員、一般社団法人日本エスコフィエ協会会員、九州沖縄放牧肥育振興協議会会員。

［住所］熊本県熊本市中央区阿弥陀寺町2
［Tel］096-354-2111（「サンシエロ」は354-2634）
［HP］http://www.anacpkumamotonewsky.com
［営業時間］6:00～14:30（L.O.14:00）、17:00～22:00（L.O.21:30）
［定休日］無休

## DA OLMO

北村征博
（きたむら・ゆきひろ）

東京・神谷町の大通りから1本入った、静かな路地にあるイタリア料理店。落ち着いた雰囲気から、男性客にも人気が高い。都内のイタリア料理店でサービス担当として腕を磨いてきた原品真一氏と、シェフの北村征博氏が共同経営する店。北村氏は、都内のリストランテでの修業後にイタリアに渡り、ロンバルディアやエミリア＝ロマーニャなど北イタリアで計3年間修業。帰国後は都内のイタリア料理店でシェフを勤め、2012年に『ダ・オルモ』をオープン。店では、北村シェフが最も感銘を受けたトレンティーノ＝アルト・アディジェの料理を中心に、旬の国産素材を使った素朴ながらも滋味深い味わいの料理を提供。

［住所］東京都港区虎ノ門5-3-9　ゼルコーバ5　101
［Tel］03-6432-4073
［HP］http://www.da-olmo.com/index.html
［営業時間］11:30～14:00、18:00～23:00
［定休日］日曜日・祝祭日、月曜日と土曜日のランチ

## OSTERIA Il Leone

和氣弘典
（わき・ひろのり）

東京、地下鉄新宿御苑前から至近のオステリア。1階は黒板メニューが選べるカウンター席のみ（2階はテーブル席）で、調理場の活気も楽しめる趣向。イタリアの郷土料理をベースに、シェフの独創性が光る料理が評判で連日満員の賑わいを見せる。料理長の和氣弘典氏はフランス料理から料理の道に入り、赤坂『ドンタリアン』を経てイタリア料理の世界へ。新宿『オステリア・イル・ピッチョーネ』の副料理長などを経て、2011年『オステリア　イル　レオーネ』料理長に就任。イタリアはエミリア＝ロマーニャでの料理修業をはじめ、全土を巡り各地で学んだ技術と知識を活かし、魅力の高い料理を生み出している。

［住所］東京都新宿区新宿2-1-7
［Tel］03-6380-0505
［営業時間］11:30～15:00（L.O.14:30。日曜日・祝日、連休最終日は17:30まで、L.O.17:00）、18:00～23:00（L.O.22:00）
［定休日］月曜日

## Piatto Suzuki

鈴木弥平
（すずき・やへい）

ビル上階で評判の、隠れ家的なリストランテ。オーナーシェフの鈴木弥平氏は1967年、茨城県出身。調理技術専門学校を卒業後、東京・神宮前「ラ　パタータ」、麻布十番「クチーナ　ヒラタ」にて修業後、92年にイタリアに渡りトリノを中心に修業。帰国後、2002年8月『ピアット スズキ』をオープンさせ、ミシュラン日本版発刊以来一つ星を獲得し続ける。素材の持ち味を十二分に活かす鈴木シェフは、魚介料理のソースに昆布水、下味に醤油を活用するなど、欧米の料理人が注目するのに先んじて、十数年前から日本ならではの優れた素材や技法も採り入れたイタリア料理を作り、お客の舌と心を捉え続けている。

［住所］東京都港区麻布十番1-7-7　はせべやビル4階、6階
[Tel] 03-5414-2116
［営業時間］12:00～16:00（ランチは完全予約制）、18:00～翌2:00（L.O.24時）
［定休日］日曜日・祝祭日の月曜日

## Taverna I

今井　寿
（いまい・ひさし）

最寄り駅から離れた場所で、地方色豊かなイタリア料理を提供し、人気を集める店。オーナーシェフの今井　寿氏は、浅草ビューホテル「リストランテ・ラ・ベリタ」に入社。坂井宏行氏のイタリア料理店「リストランテ・ドンタリアン」「オステリア・イル・ピッチョーネ」のシェフ、「オステリア・ラ・ピリカ」総料理長を経て、2013年『タベルナ・アイ』を開業。郷土料理や家庭のマンマの味の研究を続け、プロ向けの講習会や調理師学校の非常勤講師、料理専門誌で活躍。アルトゥージ司厨士協会日本支部副会長、イタリアプロフェッショナル協会認定マエストーロ、全日本司厨士協会会員。日本イタリア料理協会会員。

［住所］東京都文京区関口3-18-4
[Tel] 03-6912-0780
[HP] http://www.taverna-i.com/
［営業時間］11:30～14:00L.O.、17:30～21:30L.O.（土曜日・日曜日・祝日は12時～21:30L.O.）
［定休日］火曜日（祝日の場合は翌日に振り替え）

## TRATTORIA CHE PACCHIA

岡村光晃
（おかむら　みつあき）

店名の「パッキア」は、「驚き」「嬉しさ」を表すイタリア語で、料理がテーブルに運ばれた時の幸せな瞬間を店名に託したもの。どの料理もボリュームがあり、アラカルトをシェアして楽しめるカジュアルさも魅力。岡村光晃シェフは、静岡県生まれ。26歳で本格的なイタリア料理の世界に入る。「ピアットスズキ」オーナーシェフ鈴木弥平氏のもとで基礎を学び、2009年『トラットリア ケ パッキア』の料理長に就任。「モダンなものよりも、イタリアの家庭や街で普通に出会える料理」をテーマにして、力強く、しかし繊細な料理を提供。「お客様が喜ぶ料理」を心がけ、季節や素材のコンディションに合わせて準備する。

［住所］東京都港区麻布十番2-5-1 マニヴィアビル4階
[Tel] 03-6438-1185
［営業時間］18:00～翌2:00（L.O.翌1:00）
［定休日］日曜日・祝祭日の月曜日（GW、お盆、年末年始は要問合せ）

# INDICE 目次

3 さらに魅力の高い魚介料理を
4 シェフ&店紹介

## 011 ANTIPASTO

012 カツオの炙り　野菜ジュレ添え〈鈴木弥平〉
013 マリネした海の幸とカポナータのズッパ〈臼杵哲也〉
014 コハダのマリネ〈岡村光晃〉
016 ウナギのオレンジマリネ〈北村征博〉
017 野菜とイカのマリネ　ガルム風味〈臼杵哲也〉
018 サバのマリネ〈岡村光晃〉
019 炙りサバとフルーツトマトのマリネ〈今井　寿〉
020 サワラの玉ねぎマリネ〈北村征博〉
021 寒ブリの厚切りマリネ〈鈴木弥平〉
022 アオリイカとボッタルガ　ミント風味のパンのフリット添え　空豆のクレーマ〈和氣弘典〉
023 ハモの炙り焼き〈和氣弘典〉
024 ヒラメのカルパッチョ　マスカルポーネのタルタルとボッタルガ添え〈臼杵哲也〉
026 北海道産水ダコのプッタネスカ〈臼杵哲也〉
027 金目鯛の湯引き〈岡村光晃〉
028 塩のパンナコッタ　鯛の昆布〆　ウニのクレーマ〈和氣弘典〉
029 キャビアと黒米〈北村征博〉
030 カツオのブレザオラ〈今井　寿〉
031 真カジキの生ハム〈鈴木弥平〉

032・034
　　鯛のアフミカート　カルパッチョ仕立て〈臼杵哲也〉

033・035
　　ブリの藁燻製〈北村征博〉
　　寒サワラのスモーク〈岡村光晃〉

036・038
　　モッツァレラチーズとマンゴー、オマールエビのカプレーゼ〈臼杵哲也〉
　　ウチダザリガニのパンツァネッラ〈北村征博〉

037・039
　　スペルト小麦と海の幸のサラダ〈臼杵哲也〉
　　マグロとアボカドのサラダ仕立て　燻製したヴァージンオイルを添えて〈臼杵哲也〉

040・042
　　飯ダコとじゃが芋のサラダ　アンチョビのソース〈鈴木弥平〉
　　墨イカとウイキョウ、カラスミのサラダ〈岡村光晃〉

041・043
　　カッポンマーグロ〈今井　寿〉
　　パルマ産生ハムで巻いた小エビとメロン、ピノグリージョ風味のゼリー添え〈臼杵哲也〉

044・046
　　オマールエビと野菜のスフォルマート〈和氣弘典〉
　　香箱ガニのスプマンテジュレ〈鈴木弥平〉

045・047
　　穴子のテリーヌ〈今井　寿〉
　　アンコウのテリーヌ〈鈴木弥平〉

048 タコのテリーヌ〈今井　寿〉
050 イタリア風イワシのつみれと野菜のスピエディーノ〈今井　寿〉
051 真ツブ貝と青大根のグリル　オリーブ和え〈鈴木弥平〉
052 北寄貝のグリル　香草のソース〈鈴木弥平〉
053 ポルチーニ茸とエビのトレヴィス巻き"ファゴット"サフランのソース〈和氣弘典〉
054 シラスのティアーナ〈今井　寿〉
055 牡蠣の塩味ザバイオーネオーブン焼き〈和氣弘典〉
056 ラルドを添えたボタンエビのボッコンチーニ　アンチョビ風味のブロッコリーソース〈和氣弘典〉
057 白子をのせた玉ねぎのズベッタ　ピッツァ窯焼き〈臼杵哲也〉

058　白子のソテー　赤ワインビネガーソース〈鈴木弥平〉
060　白子の生ハム巻きソテー　ヴェルモット酒とバターの
　　　ソース〈和氣弘典〉
061　バッカラのビチェンツァ風〈北村征博〉
062　イカの墨煮　ヴェネツィア風〈今井　寿〉
063　ミミイカのインツィミーノ〈北村征博〉
064　バイ貝のマルケ風〈岡村光晃〉
065　煮ハマグリの冷菜〈岡村光晃〉
066　タコのルチアーナ〈今井　寿〉
068　イワシのナポリ風〈岡村光晃〉
069　子持ち鮎のオイル煮　熟成じゃが芋と香草の
　　　サラダ添え〈北村征博〉
070　蒸しアワビの肝ソース〈鈴木弥平〉
071　飯ダコと豆のオリーブオイル煮〈岡村光晃〉
072　クジラのバルサミコ煮込み〈北村征博〉
073　じゃが芋と白身魚のコロッケ　アンチョビクリームの
　　　ソース〈今井　寿〉
074　シラスのゼッポリーネ　ガエタオリーブのペースト添え
　　　〈和氣弘典〉
075　太刀魚のアグロドルチェ〈岡村光晃〉
076　飯ダコのセモリナ粉揚げ　ウイキョウとオレンジの
　　　カポナータ添え〈和氣弘典〉
077　アオリイカの三種盛〈鈴木弥平〉
078　鯉の前菜盛り合わせ（テリーヌ、フリット、
　　　カルパッチョ）〈北村征博〉

## 083　PRIMO PIATTO

084　ボッタルガのスパゲッティ〈今井　寿〉
085　スパゲッティ　イカ墨のソース〈岡村光晃〉
086　ウニとタラコのクリームスパゲッティ〈臼杵哲也〉
087　スパゲッティ　ワタリガニのラグー〈鈴木弥平〉
088　イワシと松の実とレーズンの"シラクーサ風"
　　　スパゲッティ　オレンジ風味〈和氣弘典〉
089　カッペリーニ　甘エビ〈鈴木弥平〉
090　スパゲッティ　グリルした牡蠣のトマトソース〈鈴木弥平〉
091　真鱈白子とちぢみほうれん草のスパゲットーニ
　　　〈北村征博〉
092　ハマグリと空豆のキタッラ〈北村征博〉
093　リングイネ　カモーリア風〈岡村光晃〉
094　地ハマグリのシブレット風味　リングイネ
　　　チェリートマトのコンフィ添え〈和氣弘典〉
095　リングイネ　ウニのソース〈岡村光晃〉
096　地タコとリングイネのプッタネスカ〈臼杵哲也〉
097　リングイネ　墨イカと乾燥トマト〈鈴木弥平〉
098　トラフグ白子と辛いフレッシュトマトソースの
　　　リングイネ〈北村征博〉
099　スカンピのリングイネ〈今井　寿〉
100　タリオリーニ　カツオ藁の香り〈岡村光晃〉
102　カメノテのタリオリーニ〈北村征博〉
103　タリオリーニ　空豆とアサリ〈鈴木弥平〉
104　イカ墨のタリオリーニ　ムール貝のソース〈鈴木弥平〉
105　フェトチーネ　ムール貝、アサリ、シチリア風〈岡村光晃〉
106　タリオリーニ　白子とカラスミ　京ねぎのソース
　　　〈鈴木弥平〉
107　タリアッテレ　スカンピとポルチーニ茸のソース
　　　〈鈴木弥平〉
108　ブカティーニのシチリア風　イワシのオイル煮添え
　　　〈臼杵哲也〉
109　ブカティーニ　イワシのソース　カターニャ風
　　　〈岡村光晃〉
110　ブカティーニ　ペスカトーラ　紙包み焼きレモン風味
　　　〈和氣弘典〉
111　ズッパ・ディ・ペッシェ　シャラテッリ　ナポリ風
　　　〈今井　寿〉
112　スパッカテッラ　マグロホホ肉となすのラグー
　　　〈岡村光晃〉
113　ファルファッレ　エビとリコッタチーズのソース
　　　〈岡村光晃〉

| | | | |
|---|---|---|---|
| 114 | ホタテと冬瓜のリゾーニ〈北村征博〉 | 143 | アオサとズワイガニのリゾット〈臼杵哲也〉 |
| 115 | カーサレッチェ　カジキマグロのラグー〈鈴木弥平〉 | 144 | ポルチーニ茸とトレヴィスのリゾット　伊勢エビの瞬間揚げ〈和氣弘典〉 |
| 116 | スモークサーモンとアボカドのクリーム　自家製ファルファッレ〈今井　寿〉 | 146 | じゃが芋のニョッキ　アサリとムール貝のトマトソース〈臼杵哲也〉 |
| 117 | 燻製ヤリイカと菜の花のストロッツァプレーティ　ボッタルガ添え〈和氣弘典〉 | 147 | アオサ入りじゃが芋のニョッキ　クリームソース〈臼杵哲也〉 |
| 118 | そば粉のスペッツレ　牡蠣とねぎのソース〈北村征博〉 | 148 | じゃが芋とブラックオリーブのニョッキ　飯ダコの煮込みソース　セロリ風味〈和氣弘典〉 |
| 120 | カヴァテッリ　プーリア風〈今井　寿〉 | 149 | 鮎のカネーデルリ〈北村征博〉 |
| 121 | アオリイカとアスパラガスのカヴァテッリ　ン・ドゥイヤをきかせて〈臼杵哲也〉 | | |
| 122 | 甘鯛のラサ〈北村征博〉 | | |

## 153　SECONDO PIATTO

| | | | |
|---|---|---|---|
| 124 | 海の幸入りフレーグラのミネストラ〈今井　寿〉 | | |
| 125 | パスタを巻いた真鯛のオーブン焼き　フレッシュトマトのソース〈和氣弘典〉 | 154 | 真鯛のソテー　桜エビのソース〈鈴木弥平〉 |
| 126 | 魚介とマッシュルームのカネロニ　ピザ窯焼き　クイリナーレ風〈臼杵哲也〉 | 155 | 真鯛の甲羅焼き〈北村征博〉 |
| 128 | カニとリコッタチーズのカネロニ〈今井　寿〉 | 156 | 真鯛の海塩焼き〈今井　寿〉 |
| 129 | 毛ガニのラビオリとスモークチーズのオーブン焼き　茸のソース〈和氣弘典〉 | 158 | 鯛のロースト〈岡村光晃〉 |
| 130 | 魚介を詰めたラビオリ〈岡村光晃〉 | 159 | 鯛の香草焼き　ハマグリとマッシュルームのクリームソース〈臼杵哲也〉 |
| 131 | 手長エビとリコッタチーズを詰めたトルテリーニ　イカ墨のソース　ヒイカのソテー添え〈和氣弘典〉 | 160 | ヒラメのロマーニャ風〈北村征博〉 |
| 132 | エビのムースを詰めたイカ墨のファゴッティーニ　甲殻類のソース〈今井　寿〉 | 161 | ヒラメのじゃが芋巻きクロスタ　アサリのソース　レモン風味〈和氣弘典〉 |
| 133 | バッカラのスープ〈和氣弘典〉 | 162 | ヒラメの香草パン粉焼き〈岡村光晃〉 |
| 134 | 海の幸のミネストラ〈今井　寿〉 | 163 | 白身魚のサルティンボッカ〈今井　寿〉 |
| 135 | 白身魚とうずら豆のミネストラ〈臼杵哲也〉 | 164 | 魚とじゃが芋のトルティノ〈今井　寿〉 |
| 136 | アンコウのブロデット〈北村征博〉 | 165 | 白身魚とじゃが芋、ケッパー煮込み〈岡村光晃〉 |
| 137 | ハマグリとポロねぎの冷たいクレーマ　ピゼリーニのアクセント〈臼杵哲也〉 | 166 | 舌ビラメのフィレンツェ風〈今井　寿〉 |
| 138 | 魚介の玄米リゾット〈今井　寿〉 | 167 | イサキのカラブリア風〈臼杵哲也〉 |
| 139 | アサリのリゾット　レモン風味　パレルモ風〈岡村光晃〉 | 168 | スズキのインパデッラ　マントバ風〈今井　寿〉 |
| 140 | スルメイカの肝のリゾット〈鈴木弥平〉 | 169 | ヒラスズキのオーブン焼き　ローズマリーとレモンの風味〈和氣弘典〉 |
| 142 | 穴子のリゾット〈北村征博〉 | 170 | メカジキのカツレツ　パレルモ風〈岡村光晃〉 |
| | | 171 | 詰め物をしたカジキマグロのグリル　サルモリッリョ〈和氣弘典〉 |

| | | | |
|---|---|---|---|
|172|ホウボウのセモリナ粉焼き　空豆のソース〈鈴木弥平〉|196|ウナギのロトンド　ヴィンコットソース〈鈴木弥平〉|
|174|金目鯛のウロコ焼き香草風味　焼きトマトとにんにくオイルソース〈和氣弘典〉|197|アカザエビのカダイフ巻き　ヴィネガー風味　レモンの泡と共に〈和氣弘典〉|
|176・178|金目鯛のサフランソース　野菜添え〈鈴木弥平〉クエの鱗焼き〈北村征博〉|198|オマールエビのボイル　フォンデュータソース　ポテトのスフォルマート添え〈臼杵哲也〉|
|177・179|カサゴのグアゼット〈鈴木弥平〉パンチェッタでロールしたカサゴのロースト　モスタルダ風味〈臼杵哲也〉|199|伊勢エビのアルゲーロ風〈臼杵哲也〉|
| | |200|カニのソーセージ〈岡村光晃〉|
| | |201|ソフトシェルクラブの黄金焼き〈今井　寿〉|
| | |202|イカの詰め物　シラクーザ風〈岡村光晃〉|
| | |204|真ダコの赤ワイン煮込み〈北村征博〉|
|180・182|バッカラ　イン　ウミド〈和氣弘典〉鱈とキャベツの軽い煮込み〈鈴木弥平〉|205|ムール貝のティエッラ　プーリア風〈今井　寿〉|
| | |206|ムール貝の詰め物カツレツ　マリナーラソース〈和氣弘典〉|
|181・183|鱈のコンフィ〈鈴木弥平〉鱈とじゃが芋のメッシーナ風〈岡村光晃〉|208|ホタテ貝のレア揚げ　じゃが芋のピューレ添え　茸のクリームソース〈和氣弘典〉|
|184・186|パレルモ風イワシのベッカフィーコ〈今井　寿〉カジキマグロのグリル　バルサミコソース　松の実入りパン粉添え〈臼杵哲也〉|209|ホタテのカリカリ焼き〈鈴木弥平〉|
| | |210|海の幸の網脂巻き（ホタテ・ウニ・ホッキ貝）アンチョビクリームソース〈和氣弘典〉|
| | |211|フリットミスト　ディ　マーレ〈岡村光晃〉|
|185・187|サバのサフラン煮込み〈北村征博〉ニシンのストゥルーデル〈北村征博〉|212|エビを挟んだスズキとムール貝のオーブン焼き〈臼杵哲也〉|
| | |213|アクア　ディ　マーレ〈岡村光晃〉|
|188・190|マグロのタリアータ　バルサミコソース〈鈴木弥平〉マグロの白ごま風味　赤玉ねぎのアグロドルチェ添え〈和氣弘典〉|214|リグーリア風魚介鍋　チュッピン〈今井　寿〉|
| | |216|カチュッコ〈臼杵哲也〉|
| | |217|魚介類のカルトッチョ〈今井　寿〉|
|189・191|マグロとフェンネルシードのフライパン焼き〈北村征博〉マグロのカマのロースト〈岡村光晃〉|218|ヤマメのトローテ　イン　ブル〈北村征博〉|
| | |219|鯉のポルケッタ風〈北村征博〉|
| | |220|クジラの片面焼き〈北村征博〉|
|192|サーモンとタレッジョ　茸のパイ包み焼き〈臼杵哲也〉|080|●魚介料理の味を高める注目食材　調味料|
|193|アンコウのロースト〈鈴木弥平〉|150|●魚介料理の味を高める注目食材　国産メカジキ〈日髙良実〉|
|194|穴子となすのグリル、パートブリック包みカルトッチョ見立て〈臼杵哲也〉| | |
| | |222|索引|
| | |224|奥付|

[ 凡例 ]

※ 魚介類は、季節、漁場、サイズなどによって味わいが大きく異なります。
　　レシピや調理時間はあくまで参考としていただき、扱う魚介の個性を活かすようにしてください。
※ 調味料は、使用するものの味わいを見て加減してください。
※ E.X.V. オリーブオイルは、エクストラ・ヴァージン・オリーブオイルの略です。
※ バターは無塩のものを使用しています。

※ お店の情報は、2015 年 3 月 10 日現在のものです。

# ANTI PASTO

Marinare

# カツオの炙り　野菜ジュレ添え

chef 鈴木 弥平

カツオは脂が適度にのったハラミ（腹肉）を使い、「カツオのたたき」のイメージでグアンチャーレを巻いて炙ります。グアンチャーレは豚の頬肉の塩漬けなので脂があり、炙ることでカツオに香りと脂をまとわせることができます。そのあと隠し味に醤油をきかせたソミュール液に5分間漬け込み、野菜の歯応えが心地よいジュレと、バルサミコ酢のソースを添えます。

材料／4人分

カツオのハラミ　4切れ
グアンチャーレ　16枚

〈ソミュール液〉
にんにく　1片
E.X.V オリーブオイル　50cc
醤油　10cc
赤ワインビネガー、オレガノ　各適量

〈野菜ジュレ〉
板ゼラチン　3g
赤・黄ピーマン　各1/4個
ズッキーニ　1/2本
鶏と野菜のブロード（42ページ参照）
　100g
E.X.V オリーブオイル　20cc
塩　3g

ベビーリーフ　適量
バルサミコ酢（12年物）　適量

作り方

1　カツオは、周りにグアンチャーレを巻く。
2　1は網にのせ、グアンチャーレが溶ける程度に直火で炙る。
3　にんにくを軽く潰し、他の材料と合わせてソミュール液を作り、1を5分ほど漬け込む。
4　野菜ジュレを作る。板ゼラチンは冷水(分量外)に2〜3分入れてふやかしておく。赤ピーマン、黄ピーマン、ズッキーニは1.5mm角に刻んでバットに入れる。鍋にブロード、オリーブオイル、塩を沸かし、火を止めて水けをきった板ゼラチン加えてむらなく溶かし、バットの野菜の上に流し入れ、粗熱が取れたら冷蔵庫に入れて冷やし固める。
5　2のカツオを皿に盛り、4のジュレをスプーンですくってかけ、オリーブオイルと塩で和えたベビーリーフを添える。バルサミコ酢を詰めてソースを作り皿に流す。

## Marinare

# マリネした海の幸とカポナータのズッパ

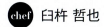 臼杵 哲也

カポナータから発展させた料理です。カポナータは前菜の定番料理ですが、それだけに残りやすいもの。そこでミキサーで回し、魚介類のソースとしました。ただしそのままでは重いので、リモンチェッロを加えて爽やかさを出します。魚介は幅広く合いますので、季節のものを使うといいでしょう。スプーンで食べられるように盛り付けると、魅力が高まります。

材料／5人分

材料／5人分
マグロ　150g
ホタテ貝柱　5個
小エビ　10本
ムール貝　5個
フィノッキオの葉　適量
白ワイン　適量
野菜のブロード　適量
塩・胡椒　各適量
E.X.V. オリーブオイル　適量

〈カポナータのズッパ〉5人分
にんにく（みじん切り）　1片分
玉ねぎ（スライス）　1個分
セロリ（スライス）　1本分
赤・黄パプリカ　各1個
トマト　2個
トマトジュース　120cc
レモンジュース　20cc
白ワイン　70cc
リモンチェッロ　適量
フィノッキオの葉　適量
塩・胡椒　各適量
E.X.V. オリーブオイル　適量

作り方

1. カポナータのズッパを作る。野菜類は適当な大きさにカットする。にんにくはみじん切りにする。
2. 鍋にオリーブオイルとにんにくを入れて火にかけ、香りがしてきたら、玉ねぎ、セロリを加え、軽く塩・胡椒をして炒める。しんなりとしたら、1の残りの野菜を入れて軽く炒め、白ワインを加えてアルコール分を飛ばす。
3. トマトジュース、レモンジュース、リモンチェッロを加えて5分ほど煮たら、ミキサーに移して回す。
4. シノワで漉して冷ましたら、ボールに移し、塩・胡椒で味を調え、フィノッキオの葉のみじん切りを加える。
5. 魚介のマリネを作る。マグロはダイスにカットする。ホタテ貝柱は白ワインをふってオーブンで蒸し焼きにし、冷ます。ムール貝は白ワインで蒸して冷ます。小エビは野菜のブロードでボイルし、冷ます。
6. 5の魚介はボールに入れ、塩・胡椒とオリーブオイルで味を調える。
7. 深めの器に4のカポナータのズッパをしき、6を彩りよく盛り付ける。フィノッキオの葉を飾る。

### Marinare

# コハダのマリネ

chef 岡村 光晃

コハダは、イタリア料理ではあまり使用されませんが、旬の時期に鮮度の良いものが入ったら、前菜に使用しています。コハダは江戸前のすしダネとして馴染み深い魚です。青魚は、煮たり焼いたりなどの加熱調理をすると臭みがあるため、すし職人は酢で〆ることによって、生のコハダの淡いうま味を引き出してきました。酢〆の技法は、和食のそれに倣い、イタリア料理らしい味つけは、ワインビネガーで〆ていることです。ラディッシュのせん切りをのせ、イタリアンパセリとオリーブオイルをミキサーにかけたグリーンソースを添えます。

材料／2人分

コハダ　3〜4尾
塩　100g
白ワインビネガー　150cc

〈付け合わせ用サラダ〉
紫玉ねぎ、ラディッシュ　各適宜
パセリオイル（イタリアンパセリとオリーブオイルをミキサーにかけたもの）　適量

作り方

1　コハダは、三枚におろす。［写 A］
2　塩をして30〜40分置き、まず塩で〆る。［写 B］
3　30分ほど〆たら塩を洗い流す。［写 C］
4　水けをきったら、さっと酢洗いをする。［写 D］
5　ワインビネガーに30〜40分漬け込む。［写 E］
6　5をザルに上げてビネガーをきり、一晩寝かせる。［写 F］
7　器にスライスした紫玉ねぎを盛り、その上に6のコハダを盛り付ける。
8　ラディッシュのせん切りをのせ、器にパセリオイルを流す。

A

コハダは、皮肌にツヤがあり、ふっくらとしていて触ると身が固いものを選ぶ。真水に漬けておくと、ウロコを取りやすくなる。腹開きして三枚におろす。

B

粗塩をしたザルにコハダを並べ、その上に粗塩を平均的にふり、塩を馴染ませる。時間は、コハダの大きさや気温などによって多少調節する。

C

塩が回ったら、流水でよく水洗いをしてザルに取って水きりする。

D

ボールにワインビネガーを入れ、コハダを洗ってザルにとる。この酢洗いは大事な作業で、酢でヌメリを取り除き、水っぽくならないようにする。

E

ボールに酢洗いしたコハダを入れ、新たにワインビネガーをコハダがひたひたにかぶる程度に注ぐ。このときもコハダの大きさや気温によって、漬け時間は調整する。

F

酢から上げたコハダは、肩を揃えながらザルに扇形状に並べてビネガーをきる。一晩寝かせることでビネガーのカドが取れてまろやかになる。

> Marinare

# ウナギのオレンジマリネ

**chef** 北村 征博

ウナギや穴子は、イタリアでは甘みに酸味を足した「アグロドルチェ」で食べることが多いもの。その技法を応用したのがこの料理です。ウナギは皮目をカリッと焼いて香ばしさを出し、オレンジの絞り汁とビネガーを加えて煮ます。煮汁がカラメル状になるまで加熱するのがポイントで、オレンジの甘い香りに加え、香ばしく甘苦い味わいがウナギを引き立てます。

## 材料／1人分

ウナギ（フィレ） 200g
オレンジ 1個
ローリエ（フレッシュ） 2枚
E.X.V. オリーブオイル 少々
塩 適量
白ワインビネガー 大さじ1

## 作り方

1 オレンジはジュースを絞る。皮は残しておく。
2 ウナギは塩をし、オイルを熱したフライパンに皮目から入れて焼く。途中でローリエを入れ、香りを付けるようにウナギとともに両面を焼く。
3 1のオレンジの絞り汁と白ワインビネガーを入れて煮詰める。
4 器に盛り、1の皮をすりおろしてふりかける。

## Marinare

# 野菜とイカのマリネ　ガルム風味

 臼杵 哲也

クイックで対応できるマリネは、急なお客様にも柔軟に対応できるので、常時用意しておきたいもの。中でもガルムを使ったマリネは、日本人の舌にも懐かしさを感じさせますので、「醤油味の料理がほしい」といった年配のお客様への対応には効果的です。イカ以外でも、エビやホタテでも応用できます。ペペロンチーノも使うと、味が締まって美味しさが増します。

### 材料／4人分

アオリイカ　中くらいのもの1杯
ズッキーニ　1本
蕪　1個
赤・黄パプリカ　各1個
長なす　1本
セルフィーユの葉　適量

〈マリネ液〉（作りやすい分量）
にんにく　10片
ケッパー　50g
ペペロンチーノ・ピッコロ　5本
白ワインビネガー　250cc
ガルム　100cc
E.X.V. オリーブオイル　500cc
塩　適量
粗挽き黒胡椒　適量

### 作り方

1. マリネ液を作る。にんにくは中の芽を取り除き、厚めにスライスする。
2. 鍋にオリーブオイル50ccと1のにんにくを入れて火にかけ、にんにくが少し色付いてきたらペペロンチーノ・ピッコロを加える。
3. にんにくがきつね色になったら火から外し、ワインビネガー、ガルム、2の残りのオリーブオイルを加え、塩・胡椒で味を調えて冷ましておく。
4. アオリイカは内臓を取り出し、薄皮をむいてから片目に切れ込みを入れる。野菜はそれぞれ食べやすい大きさにカットする。
5. 4はバットに並べ、軽く塩をしてしばらく置き、水けが出てきたらペーパータオルなどで拭き取る。
6. 5のイカと野菜は、油をしかないテフロンパンで両面をこんがりと焼き上げる。イカは身が反るので、ターナーなどで押さえながら焼くと良い。
7. 焼き上がったらバットに移し、3のマリネ液をひたひたに注ぎ、ひと晩冷蔵庫に入れて味を馴染ませる。
8. 器に盛り付け、セルフィーユの葉を飾る。

Marinare

# サバのマリネ  岡村光晃

魚を生で食べられないから酢で〆る、という誤解をしている人がいますが、酢〆は鮮度がいいからこそできる技法です。サバの場合は、身が大きいため塩で5時間置、酢5時間〆てから1週間置きます。塩と酢が入ることで、サバにうま味が増します。酢はワインビネガーと米酢を使い、夏はビネガーを多めに、冬は米酢と同量にと季節で配合を変えます。付け合わせは、サバとの相性のよいじゃが芋をサルサ・ベルデで和えたポテトサラダ風です。

**材料／3人分**

サバ 1尾
粗塩 適量
米酢・白ワインビネガ 各適量

じゃが芋 適量
サルサ・ベルデ 適量
フルーツトマト 1〜2個
イタリアンパセリ（みじん切り） 適量

**作り方**

1 下処理したサバは、塩をたっぷりふり、約2時間置く。
2 塩を洗い、米酢と白ワインビネガーを同量ずつ合わせた中に約2時間漬ける。
3 ザルに上げて酢をきり、冷蔵庫で3〜4日寝かせる。
4 じゃが芋を茹で、サルサ・ベルデで和えて器に盛り、その上に切り分けた3をのせる。
5 フルーツトマトのざく切りをのせ、イタリアンパセリをちらす。

Marinare

# 炙りサバとフルーツトマトのマリネ

 今井 寿

日本でも炙った〆サバや寿司があるように、サバは皮目を炙ることで香ばしさと甘みも出てくる魚です。そこで塩で〆たら、皮目を炙ってからビネガーでマリネします。仕上げに、油脂と相性の良いクミンをふり、青魚特有のクセを甘い風味でやわらげ、食欲を刺激する風味にします。合わせるトマトは、水っぽくならないよう甘みの濃いものを使います。

### 材料／4人分

- サバ 1尾
- 塩 適量
- 白ワインビネガー 100cc
- 白ワイン 100cc
- E.X.V. オリーブオイル 適量
- フルーツトマト 4個
- クミン 適量
- イタリアンパセリ 適量

### 作り方

1. サバは頭を落とし、内臓を取って水洗いし、三枚におろしたら、腹骨をすき取り、小骨を抜く。
2. 1のサバは多めの塩をふって90分置き、氷水でよく洗う。
3. 水けを拭き取り、皮目をバーナーで炙ったら、白ワインビネガー、白ワインとオリーブオイルでマリネする。マリネの時間は好みで。
4. サバをカットし、スライスしたフルーツトマトと交互にして器に盛る。クミンをちらし、イタリアンパセリを飾る。

**Marinare**

# サワラの玉ねぎマリネ

 北村 征博

和食でもよく使われる身近な魚を、上品なマリネに仕上げました。サワラは半生に軽く焼いて、すりおろした玉ねぎにビネガーやレモン汁などを加えたマリネ液に浸します。サワラは淡白ながら血合の部分などに青魚のニュアンスがあるのが特徴で、それが玉ねぎの個性とよく合い、キレ味が増します。

### 材料／1人分

- サワラ（フィレ） 150g
- 塩 少々
- E.X.V. オリーブオイル 適量

**A**
- 玉ねぎ（すりおろし） 1/2個分
- 白ワインビネガー 小さじ1
- レモン汁 小さじ1
- E.X.V. オリーブオイル 小さじ1

### 作り方

1. サワラは1cm厚さにカットし、塩をふって10分ほど置いておく。
2. 1は、オリーブオイルを熱したフライパンでレアに焼き、容器に並べる。
3. Aの材料を合わせて2にかけ、冷蔵庫で半日置き、味を染み込ませる。
4. 冷たいまま、器に盛り付ける。

Marinare

# 寒ブリの厚切りマリネ  鈴木弥平

脂がのって一番おいしい時期（12月〜翌2月）に獲れる寒ブリを、食べ応えがあるように厚く切ってマリネにします。獲れたては歯応えはありますが味が浅いため、深いバットに入れてラップが当たらないようにして冷蔵し、1〜2日熟成させ、うま味を出してから表面を削って使います。カツオを使うのもよく、その場合は菜の花のジュレを合わせています。

### 材料／4人分

寒ブリ　600g

〈ソミュール液〉
にんにく　1片
E.X.V オリーブオイル　24g
醤油　16g
オレガノ　適量

茹で卵　2個
玉ねぎ　40g
コルニッション　8本
E.X.V. オリーブオイル、白ワインビネガー、
　塩、白胡椒　各適量
マーシュ、赤蕪、バルサミコ酢（12年物）
　各適量

### 作り方

1　寒ブリは厚く切り分け、表面に切り込みを入れる。
2　にんにくは潰して他の材料と合わせてソミュール液を作り、1を2〜3分間浸してマリネする。
3　茹で卵は裏漉しする。玉ねぎはみじん切りにして水にさらし、水けをよく拭き取る。コルニッションは2mm角に切る。
4　3をボールに入れて混ぜ、オリーブオイル、白ワインビネガー、塩、白胡椒で味を調える。
5　皿に2の寒ブリを置き、4をたっぷりとのせ、マーシュ、薄切りにした赤蕪を添える。バルサミコ酢を回しかける。

## Carpaccio

# アオリイカとボッタルガ
# ミント風味のパンのフリット添え
# 空豆のクレーマ

**chef** 和氣 弘典

ボッタルガの塩けを利用し、イカの甘みを引き出した前菜です。この料理のポイントはイカの切り方。身のねっとり感を強調する切り方をします。開いたイカの身の表裏に方向を変えて斜めに包丁をし、それを細長くカットします。こうするとイカの身の表面積が広がり、ねっとりとした食感とともにイカ本来の甘みも楽しめるようになります。この調理法には、身の厚いアオリイカが最適です。

### 材料／4人分

- 空豆（皮をむいておく） 200g
- ポワローねぎ（スライス） 20g
- アオリイカ 300g
- パン 40g
- ミント 5g
- ボッタルガ（すりおろし） 10g
- E.X.V. オリーブオイル 80cc
- 塩・胡椒 各適量
- 芽ねぎ 適量
- ミント（飾り用） 適量

### 作り方

1. 空豆のクレーマを作る。空豆は、塩を入れた湯で2分間茹でて取り出す。煮汁は取っておく。飾り用は別にしておく。
2. 別鍋に分量外のEXVオリーブオイルを熱し、ポワローねぎを炒める。
3. 1を2に加え、1の茹で汁を少量加えて茹で上げ、オリーブオイルと一緒にミキサーにかけ、クレーマ状に仕上げる。
4. アオリイカは薄皮をむき、開いて掃除をし、片面に身を切らずに斜めに包丁を入れ、反対の面も同様に包丁を入れて格子状に仕上げ、短冊切りにする。ボッタルガ、分量外のオリーブオイルで味を調える。
5. フライパンにオリーブオイルとミントを入れて熱し、さいの目に切ったパンをソテーする。きつね色になったらキッチンペーパーで油をきっておく。
6. 3の空豆のクレーマを皿にしき、4を盛り付け、芽ねぎを添える。5のパンと、1で残しておいた空豆と、分量外のボッタルガのすりおろしをちらし、ミントを飾る。

## Carpaccio

# ハモの炙り焼き

chef 和氣 弘典

京料理で知られるハモを使った、夏らしい前菜です。ハモは頭の方から尾にかけて小骨が入っていますので、ぬめりを取って開いたらしっかりと骨切りをします。水っぽくなるのを防ぐため、皮目をバーナーで炙り半生に仕上げました。日本料理ではハモにはすだちを合わせることがありますので、すだちのニュアンスに近いライムを合わせ、うま味を引き立てます。

材料／4人分

- 活け〆ハモ　320g
- ライム　1個
- みょうが（せん切り）　1個分
- きゅうり（せん切り）　1/2本分
- 紅芯大根（せん切り）　50g
- キャビアライム　適量
- ホワイトバルサミコ酢　10cc
- E.X.V. オリーブオイル　30cc
- 塩　各適量
- マイクロベビーリーフ　適量

〈ライムの泡〉
- ライム汁　20cc
- 水　100cc
- レシチン　2g

作り方

1　ハモは腹開きし、中骨とヒレを取り、腹骨をすいて骨切りをする。金串を刺して、皮面をバーナーで炙る。

2　バットに氷をしき、さらにバットをのせて1のハモを皮目を下にして置き、素早く冷やす。身にライムを絞る。

3　みょうが、きゅうり、紅芯大根は、塩・ホワイトバルサミコ酢・オリーブオイルで味を調え、皿に盛る。

4　2は食べやすい大きさにカットし、皮目を上にして3の野菜の上にのせて塩をする。キャビアライムをちらし、マイクロベビーリーフを飾る。

5　ライム汁、レシチン、水を混ぜたものをエアーポンプにて泡を作り、4に添える。

## Carpaccio

### ヒラメのカルパッチョ
### マスカルポーネのタルタルとボッタルガ添え

 臼杵 哲也

　刺身が好まれる日本では、魚のカルパッチョは生食が当たり前のように感じます。しかし本来のカルパッチョの技法は完全な生ではなく、オリーブオイルやレモン、塩などでマリネしたものです。ただし日本では、魚が非常にいい状態で手に入りますので、マリネというよりは瞬間的に味を馴染ませる感覚で仕上げるほうが、季節の魚種それぞれの個性を活かせます。ここでは淡白な白身魚にマスカルポーネを合わせますが、生姜の風味をきかせることで、和のテイストを持たせました。

## 材料／4人分

- ヒラメ（フィレ）　240g
- あやめ小蕪　4個
- プチトマト　4個
- ブロッコリー（小さめに房取りしたもの）　8個
- 芽ねぎ　適量
- サラダ水菜　適量
- アマランサス　適量
- 塩・胡椒　各適量
- E.X.V. オリーブオイル　適量

〈マスカルポーネのタルタル〉
- マスカルポーネ　120g
- 生姜（みじん切り）　20g
- あさつき（みじん切り）　10g
- 玉ねぎ（みじん切り。水にさらして絞ったもの）　20g
- ケッパー　20g
- 塩・胡椒　各適量

## 作り方

1. ヒラメは5枚におろし、皮をひいて薄くスライスする。[写A]
2. 1はバットに広げ、塩、胡椒とオリーブオイルをふりかける。ラップをかけて身に密着させ、5分ほど置いておく。[写B]
3. あやめ小蕪は、カルチェにカットする。プチトマトは半割りに、ブロッコリーはボイルして氷水に落とし、水けをきっておく。
4. 3はボールに入れ、塩・胡椒で味を付けておく。
5. マスカルポーネのタルタルを作る。ボールに塩・胡椒以外の材料を入れ、しっかりと混ぜ合わせたら、塩・胡椒で味を調え、小さなスプーンを2本使いクネル型にしておく。[写C]
6. 器に2のヒラメ、4の野菜と5のタルタルを彩りよく盛り付ける。オリーブオイルを少量かけ、芽ねぎ、サラダ水菜、アマランサスをあしらう。

A

カルパッチョに向くのは、きちんと活け〆して血抜きしたもので、死後硬直が解けた後のもの。歯応えのごりごり感は無くなり、身にうま味が出てくる。

B

スライスした魚は、塩、胡椒とオイルをふり、ラップを密着させて置いておく。身の乾燥を防ぎ、調味料の浸透を早める。

C

カルパッチョのソースとして用いる、マスカルポーネのタルタルを作る。あさつき、生姜も加えることで和のテイストも持たせて食べやすくする。

## Carpaccio

# 北海道産水ダコのプッタネスカ

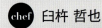 臼杵 哲也

ペペロンチーノの辛み、アンチョビの塩味などが刺激的なプッタネスカは、パスタに使われることが多いもの。しかしソースとして作っておくと、作り置きがきく上に、カルパッチョにも応用でき便利です。特にタコは薄切りにして、赤いトマトソースを敷き込むと、身の白がソースの赤の中でよく映え、インパクトの高い一品に仕上がります。

### 材料／2人分

水ダコ　100g
スーゴ・ア・ラ・プッタネスカ
　（下記参照）　適量
ベビーリーフ、セルフィーユ、
　イタリアンパセリ　各適量

〈スーゴ・ア・ラ・プッタネスカ〉
（作りやすい分量）
にんにく　1片
ペペロンチーノ・ピッコロ　2本
ケッパー　10g
アンチョビ　2枚
白ワイン　30cc
黒オリーブ　6粒
オレガノ　少々
ブロード・ディ・ポッロ　90cc
塩・胡椒　各適量
E.X.V. オリーブオイル　適量
パッサータ・ルスティカ　150cc

### 作り方

1. スーゴ・ア・ラ・プッタネスカを作る。にんにくは中の芽を取ってスライスする。
2. 鍋にオリーブオイルと1を入れて火にかけ、香りがしてきたらペペロンチーノ・ピッコロとアンチョビを加え炒める。
3. 白ワインを注ぎ、アルコールを飛ばしてから、ケッパー、種を取って適当な大きさにカットした黒オリーブ、オレガノ、パッサータとブロードを加え、しばらく煮る。塩・胡椒で味を調えて冷ます。
4. 水ダコは、薄くスライスする。やりにくい場合は、いったん冷凍してからカットすると良い。ベビーリーフ、セルフィーユ、イタリアンパセリは、水にさらしてから水けをよくきり、適当な大きさにちぎっておく。
5. 器に3のスーゴ・ア・ラ・プッタネスカ広げ、4のタコのスライスをのせる。タコの上から軽く塩・胡椒をし、ベビーリーフ、セルフィーユとイタリアンパセリをあしらい、オリーブオイルをふりかける。

## Carpaccio

# 金目鯛の湯引き

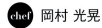 岡村 光晃

湯引きは、魚の皮目のゼラチン質を固めて食感を出すと同時に、うま味を引き出す和食の技法です。金目鯛は、湯引きすることで皮と身の間のうま味を引き出すことができます。身自体はさっぱりとした味なので、黒オリーブのタプナードソースを添えて味を引き締めました。タプナードソースは、隠し味に八丁味噌を加え、深みのある味に仕上げました。

### 材料／2人分

金目鯛　半身
トマト　適量
シブレット　適量
レモンの皮　適量

〈タプナードソース〉
カラマタオリーブ　200g
にんにく　3〜4片
八丁味噌　適量
E.X.V. オリーブオイル　50cc

### 作り方

1. 種を抜いたオリーブ、にんにく、オリーブオイルを約2時間煮込み、ミキサーに入れて撹拌し、タプナードソースを作る。
2. おろした金目鯛は、網に皮目を上にしてのせ、熱湯をかけ、すぐに氷水に入れて冷やし、水けを拭き取る。
3. 器にトマトのスライスを置き、その上に2をのせて、シブレットの小口切りとレモンの皮の細切りを飾る。
4. 器に1を流す。

Carpaccio

# 塩のパンナコッタ
# 鯛の昆布〆　ウニのクレーマ

 和氣 弘典

鯛の昆布〆のうま味に、ウニと、生クリームという相性がいい素材を組み合わせた前菜です。生クリームは1％の塩をしてギリギリのセラチンで寄せ、なめらかさを出してソース代わりに使います。塩味ですが作り方はドルチェのパンナコッタと同じなので、料理名にも使いインパクトを高めました。パンナコッタをつぶして全体を混ぜ合わせ、食べていただきます。

材料／4人分

真鯛の昆布〆（下記参照）　160g
ウニ　100g
E.X.V. オリーブオイル　適量
ウニ（飾り用）　適量
フルーツトマト　2個
シブレット　適量

〈塩のパンナコッタ〉
生クリーム　400cc
塩　4g
板ゼラチン　4g

作り方

1　板ゼラチンは、水でふやかしておく。
2　鍋に生クリームと塩を入れて人肌に温め、1のゼラチンを入れて溶かし、プリン型に流し、冷蔵庫で冷やし固める。
3　真鯛の昆布〆を作る。塩とグラニュー糖を合わせて真鯛にふりかけ、昆布で挟んで20〜30分置き、昆布〆とする。
4　フルーツトマトは湯むきをし、6〜8等分にくし型にカットする。
5　ウニはミキサーに入れ、オリーブオイルを入れながら混ぜ合わせ、クリーム状にする。
6　2を型から外して皿に盛り、飾り用のウニをのせ、周りに4のトマトを飾り、5を流してオリーブオイルをたらす。
7　3を昆布から外してそのままスライスし、6に盛る。シブレットを飾る。

> Sotto sale

# キャビアと黒米　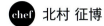北村 征博

コースの前の突き出し（Stuzzichino）として提供している一品です。キャビアはご飯ともよく合う素材で興味があったのですが、以前、黒米が注目されていたときに、色の近い素材同士でキャビアと合わせてみようと思ったのがきっかけです。黒米は、キャビアに合わせて塩水でボイルしてあります。一口頬張ると、キャビアの塩けとうま味が先に来て、噛んでいると黒米の穀物の味が出てきます。アクセントとして、唐辛子も加えています。

### 材料／1人分

黒米の塩茹で（下記参照）　2g
キャビア　2g
E.X.V. オリーブオイル　少々
唐辛子　少々

〈黒米の塩茹で〉
黒米　1
水　3
塩　黒米の1％

### 作り方

1　黒米は、さっと洗って鍋に入れ、3倍量の水、黒米の1％量の塩を入れ、30分くらいかけて煮る。炊き上がりに水けがちょうどなくなるよう、水は加減しておく。

2　1の黒米は冷まして置き、残りの材料を全て合わせ、スプーンに盛る。

## Sotto sale

# カツオのブレザオラ　chef　今井 寿

ブレザオラはイタリア内陸部のロンバルディア州の料理で、肉を塩漬けにした保存食です。本来は牛肉で作られるものですが、魚も使われ、カツオやマグロなど良質で大型のものが手に入ったら作られます。最初の塩漬けでしっかりと水ぬきをすることが肝心で、きちんと処理すると生臭さは一切ありません。白ワインで漬けましたが、赤ワインで漬ける方法もあります。

### 材料／作りやすい分量

- カツオの背肉　約500g
- 海塩　適量
- 黒胡椒（つぶしたもの）　少々
- 白ワイン　1000cc
- 白ごま（煎ったもの）　少々
- レモンオイル　適量
- パプリカパウダー　適量
- ディル　適量

### 作り方

1. 海塩と黒胡椒を合わせたものは、カツオ背肉がかぶるくらいの量を用意する。
2. 1をしいたバットにカツオ背肉を置き、全体をおおうように上からもかけ、2日間塩漬けにする。
3. 2日後に取り出して水でよく洗い、水分を拭き取る。
4. 容器に3を入れ、白ワインを注いで3日間漬け込む。
5. カツオを取り出したら水分をよく拭き取り、冷蔵庫の中で2週間乾燥させる。
6. 1cm厚さにカットし、皮目を上にして器に盛る。レモンオイルをかけ、白ごまをふってディルを飾る。器の両脇にパプリカパウダーを添える。

| Sotto sale |

## 真カジキの生ハム

 鈴木弥平

イタリア北西部の郷土料理、牛肉や馬肉で作る生ハム「ブレザオラ」にヒントを得て真カジキで生ハムを作ります。マカジキの身はきれいな淡紅色で、脂は少ないけれど味わいは深いのが特徴です。重量の3%の塩や香草類でマリネしたあと白ワインに漬け込み、吸水シートで包んで3日間熟成させることで、より魚のうま味を高めます。マカジキ以外ではマグロ系の赤身の魚に適した調理方法です。

材料／4人分

マカジキ　500g
塩　15g（マカジキの3％）
にんにく（スライス）　1片分
粒白胡椒　15粒
香草（タイム、セージ、ローズマリー）
　各2枝
白ワイン　500cc

〈付け合せ〉
リコッタ・サラータ、セルバチコ、ピスタチオ、アーモンド、ケッパー、E.X.V.オリーブオイル、バルサミコ酢（12年物）　各適量

作り方

1　マカジキは塊のまま、塩、にんにく、少し潰した粒白胡椒、香草を全体にすり込むようにしてマリネし、1日置く。
2　マリネすることで出てきた水分を軽くきり、上下を返してさらに1日置く。
3　マカジキの周りについているにんにくや香草をきれいに取り除き、白ワインに30分漬け込む。
4　白ワインから取り出したマカジキを吸水シートで包み、冷蔵庫で3日間寝かせる。
5　4の周りを少し削って薄くスライスし、皿に盛り付ける。リコッタ・サラートを削りかけ、セルバチコをのせる。ローストしたナッツを粗く刻み、みじん切りにしたケッパーとともにオリーブオイルで和えたものとバルサミコ酢をちらす。

Affumicata

## 鯛のアフミカート　カルパッチョ仕立て

 臼杵 哲也

燻製は食材を保存し、日持ちをさせるための技術ですので、軽い燻製でも真空パックすれば比較的長く保存できます。そこで市場が長期間休みになるときには、前もって魚を軽く燻製にかけたほうがカルパッチョよりいい状態で出せます。サラダやビネガーとよく合いますので、サラダと合わせてがっつりと食べる料理にします。鯛は「くまもと」ブランドの天草鯛です。

## Affumicata

### ブリの藁燻製　chef 北村 征博

ブリは塩漬けにして、藁と少量の桜チップで瞬間燻製にしました。魚の燻製は、特にブリのように脂ののった魚が向くと思います。ただし、脂がのり過ぎていても食べ飽きてしまいますので、秋口なら腹の部分を使いますが、寒ブリのように非常に脂の多い時期の魚は尾の部分を使うようにするなど、部位の使い方にも工夫するとより美味しくなります。

## Affumicata

### 寒サワラのスモーク　chef 岡村 光晃

脂ののった旬のサワラを桜のチップでスモークし、クスクスと野菜のビネグレットソースを添えました。イタリア料理では、カジキやサーモンを保存食としてよく燻製にしますが、日本は新鮮な魚が豊富ですから、旬に合わせ、ここではうま味が増すことをポイントとして、少し厚めに切って盛り付けます。

## 鯛のアフミカート　カルパッチョ仕立て

材料／1人分

燻製にした天草鯛　60g
季節の野菜　適量
ピンクペッパー　適量
イタリアンパセリ　適量
塩・胡椒　各適量
E.X.V. オリーブオイル　適量

〈天草鯛の燻製〉1尾分
天草鯛　1kg
合わせ塩（塩1対グラニュー糖0.7）　60g
氷水　適量
白ワイン　適量
桜チップ

作り方

1. 鯛は新鮮なものを三枚におろす。鯛1kgに対して60gの合わせ塩をし、4～5時間マリネする。
2. マリネした鯛は、氷水に白ワインを加えたもので洗って表面の水けを拭き取り、両面にオリーブオイルをぬる。網にのせて冷蔵庫で1日乾かす。
3. 翌日、網にのせたまま、桜のチップで1時間～1時間半、冷燻製にする。燻製香が落ち着くよう、しばらく風に当てる。
4. 燻製した鯛は、薄くスライスし、器に広げる。
5. 季節の野菜はボールに入れ、塩・胡椒と少量のオリーブオイルで和える。
6. 4の上に5の野菜を彩りよく盛り付け、オリーブオイルを回しかける。

## ブリの藁燻製

**材料／1人分**

ブリ（フィレ）　100g
塩　1.5g
E.X.V. オリーブオイル　小さじ1
ルーコラ　20g

**作り方**

1　ブリは塩をして2時間ほど置いておく。
2　燻製にする。鍋に藁をしき、アルミホイルをのせ、その上にクッキングシートを置き、1のブリをのせる。蓋をして火にかけ、5分間加熱し、レアに仕上げる。
3　器にルーコラをのせ、スライスしたブリを盛る。オリーブオイルをかける。

## 寒サワラのスモーク

**材料／4〜5人分**

寒サワラ　半身
塩　適量
桜チップ　100g

きゅうり、セロリ、人参、赤・黄ピーマン
　各適量
クスクス　適量
ビネグレットソース（酢、オリーブオイル、
　塩・胡椒を混ぜたもの）　適量
パセリオイル（イタリアンパセリと
　E.X.V. オリーブオイルをミキサーで
　混ぜたもの）、フェンネル、パン粉
　各適量

**作り方**

1　サワラは、塩をふって〆る。
2　1は表面に浮いてきた水けを拭き取り、桜チップで表面にヤニがつくまでしっかりとスモークする。
3　きゅうり、セロリ、人参、赤・黄ピーマンは小さな角切りにし、茹でて水けをきったクスクスと合わせてビネグレットソースで和え、器に盛る。
4　2を1cm程度の厚さに切り分けて、3の上に盛り付ける。
5　パセリオイルを器に流し、フェンネルをのせ、パン粉をふる。

| Insalata |

## モッツァレラチーズとマンゴー、オマールエビのカプレーゼ

chef 臼杵 哲也

料理名通り、カプレーゼをヒントに考えた料理です。大分・湯布院で、牛乳で作る上質のモッツァレラを作っていることから、これに組み合わせる素材としてオマールエビとマンゴーを選びました。オマールエビは3%の塩で茹でてうま味を閉じ込めます。エビのうま味と塩け、マンゴーの甘みと香りをチーズがまろやかにまとめて、満足感の高い前菜に仕上がりました。

| Insalata | ウチダザリガニのパンツァネッラ

chef 北村 征博

パンツァネッラは、硬くなったパンを利用するトスカーナの伝統的な料理。そのトスカーナに隣接するエミリア＝ロマーニャで働いていたときに作っていたのがこの料理で、店の近くの池で獲ってきたザリガニを使っていました。ザリガニは、だしを取って煮詰めると香ばしい風味が出ますので、それをパンをふやかす際に加えることで、素材の味わいを強調します。

Insalata

## スペルト小麦と海の幸のサラダ

chef 臼杵 哲也

中部イタリアでは定番の、魚介とスペルと小麦を組み合わせたサラダです。見た目は質素でも、味のまとまりと複雑な味わいで、非常に評判がいい一品です。魚介はエビ、タコ、貝類を使いました。ポイントはカンネーリ（白いんげん豆）をつなぎとして使うこと。調味して裏漉しにかけ、素材と一緒に和えることで、魚介とスペルト小麦が食べやすくつながります。

Insalata

## マグロとアボカドのサラダ仕立て 燻製したヴァージンオイルを添えて

chef 臼杵 哲也

マグロと、相性の良いアボカドを組み合わせてサラダ仕立てにした料理です。イタリア料理を食べ慣れないかたや、年配のお客様向けに考案した一品で、全体を混ぜ合わせたときに、燻製したオイルとボッタルガ独特の塩けで、醤油は使わずに和のテイストを表現しました。やわらかい食材を組み合わせていますので、シャキシャキの青野菜で食感に変化を出しています。

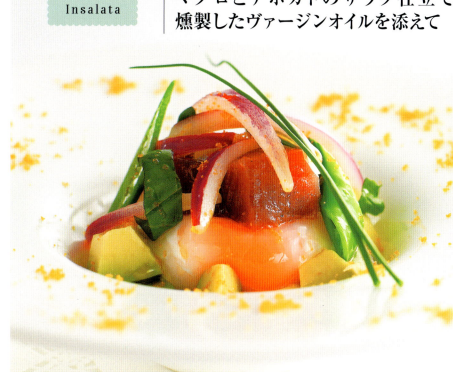

## モッツァレラチーズとマンゴー、オマールエビのカプレーゼ風

材料／2人分

湯布院モッツァレラ　1個
マンゴー　1/2個
オマールエビ（テール）　1尾分
サラミ・ソプレサッタ・ピカンテ　適量
ベビーリーフ　適量
粗塩　適量
粗挽き黒胡椒　適量
E.X.V. オリーブオイル　適量

作り方

1　オマールエビは、殻付きのまま、3％の塩を加えたお湯で3分程度加熱し、バットに取ってそのまま冷ます。冷めたら殻を外し、背ワタを取ってひと口大にカットする。
2　マンゴーは皮をむき、ひと口大にカットする。モッツァレラは6カットする。ソプレサッタ・ピカンテは細長くカットする。
3　器に1のオマールエビ、2のマンゴーとモッツァレラを彩りよく盛り付け、ベビーリーフをあしらう。2のソプレサッタ・ピカンテを上から置き、塩・黒胡椒をふる。仕上げにオリーブオイルを回しかける。

## ウチダザリガニのパンツァネッラ

材料／1人分

ウチダザリガニ　6尾
ウチダザリガニのだし　100cc
白ワインビネガー　大さじ1
水　500cc
乾燥パン　100g

A
きゅうり（3mm角切り）　20g
トマト（1cm角切り）　30g
赤玉ねぎ（3mm角切り）　20g
バジリコ　4枚
白ワインビネガー　小さじ1
塩　少々
オリーブオイル　大さじ1

作り方

1　ザリガニは、沸騰した湯でさっと茹でて殻をむき、尾の身を取り出す。殻は取っておく。
2　1の殻は、水を加えて煮出し、だしとする。
3　2、ワインビネガー、水を合わせ、乾燥パンを浸す。パンがやわらかくなったら水けを絞り、手でほぐす。
4　3に、Aの材料と1のザリガニの身を加えて軽く混ぜ合わせ、味を調えてから器に盛り付ける。

## スペルト小麦と海の幸のサラダ

材料／3人分

スペルト小麦（水煮したもの）　60g
むきエビ　9尾
ボイルタコ　60g
アサリ（殻付き）　200g
ズッキーニ　1/3本
黄色パプリカ　1/2個
セミドライトマト　30g
ピゼリーニ　30g
ガルム　数滴
レモン汁　適量
イタリアンパセリ（みじん切り）　適量
塩・胡椒　各適量
E.X.V. オリーブオイル　適量
白ワイン　30cc
カンネリーニ（水煮）　40g

作り方

1　ズッキーニ、パプリカは、小さめのダイスにカットする。セミドライトマトは粗みじん切りにする。
2　1のズッキーニとパプリカ、ピゼリーニは、塩を入れた湯でボイルし、氷水に落として水けを拭き取る。
3　アサリは白ワインとともに鍋に入れて火にかけ、蓋をして火を通し、冷ます。煮汁は取り置き、身は殻から外しておく。
4　エビは塩とレモン（ともに分量外）を入れた湯でボイルし、氷水に落として水けを拭き取り、ひと口大に切る。ボイルタコもひと口大に切る。
5　カンネリーニは、3の煮汁、ガルム少々を加え、ミキサーにかけ、裏漉ししてなめらかな状態にしておく。
6　2の野菜、3のアサリの身、4のエビとタコはボールに入れ、塩・胡椒とレモン汁、オリーブオイルで味を調える。
7　5を適量加えて軽く混ぜ、器に盛り付け、イタリアンパセリをちらす。

## マグロとアボカドのサラダ仕立て
## 燻製したヴァージンオイルを添えて

材料／4人分

マグロ赤身　200g
温泉玉子　4個
マッシュルーム　4個
スナップエンドウ　8本
絹さやえんどう　8枚
赤玉ねぎ　1/4個
アボカド　1個
ケッパー　12g
シブレット　適量
ボッタルガ（すりおろし）　適量
バジルの葉　適量
レモン（果汁用）　適量
塩・胡椒　各適量
フィノッキオ　適量
パセリの茎　適量
黒胡椒　適量
E.X.V. オリーブオイル　適量
桜チップ

作り方

1　マグロを下処理する。マグロはサク取りし、表面に塩をして、フィノッキオのスライス、パセリの茎をのせ、黒胡椒をふって1時間マリネする。
2　燻製オイルを作る。バットにオリーブオイルを入れ、桜のチップで15分間燻製する。燻製後は密閉容器に移しておく。
3　スナップエンドウ、絹さやは塩茹でにし、氷水に落として水けをきる。マッシュルームはスライスし、レモンを加えた冷水に浸し水けをきる。赤玉ねぎは細めのカルチェにカットし、塩・胡椒・レモン汁・オリーブオイルでマリネする。アボカドはダイスカットし、レモン汁とオリーブオイルをからめる。
4　卵は72℃のスチームで20分加熱し、冷水に落とす。殻から取り出し、余分な白身は取り除く。
5　深めの器に3のアボカドを置き、中央をくぼませ、4の玉子をのせ、玉子に塩をする。
6　玉子の上に1のマグロを置き、3の残りの野菜をバジルの葉と和えたものをマグロの上にのせる。ボッタルガとシブレットをのせ、2の燻製オイルをふる。

> Insalata

## 飯ダコとじゃが芋のサラダ
## アンチョビのソース

chef 鈴木 弥平

ナポリやシチリアあたりでよく食べられているタコとじゃが芋のサラダを、新鮮な飯ダコを使ってアレンジしました。タコ独特の弾力とサクサクした歯応えを活かすため、掃除をしたあと2時間ほど丁寧に揉み、番茶入りのお湯に足から入れて茹でるとうま味が出せます。アンチョビのソースはやさしい酸味の白ワインビネガーを使って全体をまとめます。

> Insalata

## 墨イカとウイキョウ、
## カラスミのサラダ

chef 岡村 光晃

身がやわらかく、うま味も強い墨イカを、イカと相性のいいウイキョウと和え、カラスミをからめてサラダ仕立てにしました。イカの持つ淡白な味わいを、カラスミの塩けが引き立てます。ウイキョウはイカ以外でも、タコとも相性のいい食材。イカとともに素材の色を白で合わせることで、見た目にも上品に仕上げました。

Insalata

## カッポンマーグロ

chef 今井 寿

「マーグロ」と名の付くこの料理は、リグーリアの漁師町で生まれた伝統的な一品です。好みの魚介と野菜に火を通し、ソースで和えた料理で、クリスマスにもよく食べられるそうです。ちなみにCapponは雄鶏と訳しますが、ここではホウボウのこと。料理名は「痩せたホウボウ」を意味します。バジリコが有名な地域ですので、この料理もペスト・ジェノヴェーゼで食べます。

Insalata

## パルマ産生ハムで巻いた小エビとメロン、ピノグリージョ風味のゼリー添え

chef 臼杵 哲也

昔から親しまれている「生ハムメロン」をベースに、生ハムと相性の良いエビも組み合わせた料理です。エビは、歯応えのあってうま味の強いブラックタイガーや車エビが最適です。仕上げにピノグリージョ種のワインとディルのゼリーをかけます。見た目にもきれいで、味わいも複雑になります。さらに、マスカルポーネを組み合わせてもいいでしょう。

## 飯ダコとじゃが芋のサラダ　アンチョビのソース

材料／4人分

飯ダコ　4杯

〈茹で湯〉
水　6ℓ
塩　800g
番茶（茶葉）　適量

じゃが芋　500g
玉ねぎ（みじん切り）　20g
アンチョビ　6枚
ケッパー　20粒
E.X.V. オリーブオイル　適量
鶏と野菜のブロード　100cc
白ワインビネガー　10cc
白胡椒　適量
いんげん　8本
塩　適量
ラディッシュ　適量

作り方

1. 飯ダコは、墨袋と内臓、目、クチバシを取り除き、ボールに入れて1〜2時間よくもんでおく。
2. 鍋で水、塩、番茶を沸かして飯ダコを1〜2分茹でる。氷水に落としてよく冷やし、適度に塩を抜く。
3. じゃが芋は、茹でて皮をむき、軽く潰しておく。
4. ミキサーに、3の半量のじゃが芋、玉ねぎ、アンチョビ、ケッパー、オリーブオイル、ブロード、白ワインビネガー、白胡椒を入れて全体がなじむまで回す。
5. いんげんは下茹でをして斜め切りにする。水けを拭き取った2の飯ダコを適度な大きさに切ってボールに入れ、残り半量のじゃが芋、いんげん、4のソースを加えて混ぜ、オリーブオイルと塩で味を調える。
6. 器に盛り付け、スライスしたラディッシュを飾る。
7. 軽く押さえ、冷蔵庫に1〜2時間ほど入れて冷やし固める。
8. 飾り用のなすを用意する。ごく薄くスライスし、80℃のオーブンに1時間ほど入れて乾燥させる。
9. 3で出たマッシュルームの汁は、レモンの皮、オリーブオイル、塩、胡椒をよく混ぜ合わせ乳化させる。
10. 7を型から外して皿に盛り、9のソースをかけ、バルサミコ酢をたらす。マーシュと8のなすを飾る。

---

### 鶏と野菜のブロード

〈材料〉仕込み量
鶏ガラ　2羽分
玉ねぎ　2個
人参　1本
セロリ　1本
水　2ℓ

〈作り方〉

1. 鶏ガラは皮膜や血などをよく洗い流し、水けを切っておく。
2. 玉ねぎ、人参、セロリは、薄切りにする。
3. 鍋に1、2水を入れて強火にかけ、沸いたら弱火にする。アクを丁寧に引きながら、2時間くらいことことと煮込み、シノワで漉す。

---

## 墨イカとウイキョウ、カラスミのサラダ

材料／2人分

墨イカ　2杯
ウイキョウ　1/2本
カラスミ　適量
ビネガー　適量
塩・胡椒　各少々
フェンネル　少々
E.X.V. オリーブオイル　少々

作り方

1. 下処理をした墨イカはひと口大に切り、軽く下茹でして霜降りにする。
2. スライスしたウイキョウと1、みじん切りのカラスミ、ビネガー、塩、胡椒を合わせて盛り付ける。
3. スライスしたカラスミ、フェンネルをのせ、オリーブオイルをまわしかける。

## カッポンマーグロ

ケッパー　適量
レモンオイル　適量
E.X.V. オリーブオイル　適量
塩・胡椒　各適量

ペスト・ジェノヴェーゼ（下参照）　360cc

ミックスサラダ、ディル　各適量

〈ペスト・ジェノヴェーゼ〉（作りやすい分量）
バジリコ　500g
ペコリーノ　120g
パルミジャーノ・レッジャーノ　200g
松の実　200g
にんにく　2片
E.X.V. オリーブオイル　400cc

### 材料／4人分

アサリ　12個
ムール貝　8個
マテ貝　4個
有頭エビ　4尾
白身魚　100g
イカ　50g
タコ（ボイル）　50g
黒大根　30g
レディーサラダ　30g
蕪　30g
赤・黄パプリカ　各30g
根セロリ　30g
グリーンオリーブ　12個

### 作り方

1. ペスト・ジェノヴェーゼを作る。よく冷やしたミキサーに材料を全て入れ、ペースト状になるまで回しておく。
2. 鍋にアサリ、ムール貝とマテ貝を入れて火にかけ、白ワインを注いで蓋をし、口が開いたらそのまま置いて冷ましておく。
3. エビ、イカと白身魚は、3%の塩をした湯で茹でて冷ます。
4. 残りの魚介、オリーブとケッパー以外の野菜は、それぞれ1cm角にカットする。
5. 2、3、4とオリーブ、ケッパーをボールに入れて合わせ、塩、胡椒、レモンオイル、オリーブオイル、1を360ccほど加え、からめて味を調え、器に盛り付ける。ミックスサラダとを添え、ディルを飾る。

## パルマ産生ハムで巻いた小エビとメロン、ピノグリージョ風味のゼリー添え

### 材料／1人分

生ハム（スライス）　2枚
エビ（ブラックタイガーなど）　2尾
メロン　適量
マスカルポーネ　20g
ディル　適量

〈ピノグリージョ風味のゼリー〉
（作りやすい分量）
ピノグリージョ風味のワイン　750cc
水　250cc
塩　ひとつまみ
グラニュー糖　適量
ゼラチン　15g

### 作り方

1. ピノグリージョ風味のゼリーを作る。ゼラチンは水でふやかしておく。
2. ワインと水を鍋に入れて火にかけ、アルコール分を飛ばし、塩と好みの量のグラニュー糖を加える。味を見て1のゼラチンを加え、溶かし込んで漉す。
3. バットなどに流し入れて冷まし、使う直前まで冷蔵庫で保管する。
4. 小エビは背ワタを取り、串を打つ。塩とレモン（ともに分量外）を加えた湯でボイルし、氷水に落として冷ます。殻をむき、水けを拭き取る。
5. メロンは皮をむき、エビの長さに合わせて棒状にカットする。
6. 生ハムを広げ、マスカルポーネをぬり、4、5を置いて包み込む。
7. 器に盛り付け、3のゼリーをかけ、ディルの葉を飾る。

### Insalata

## オマールエビと野菜のスフォルマート

chef 和氣 弘典

重い料理のイメージがあるスフォルマートを、ゼラチンを使い軽い味わいに仕上げました。イメージはエビと野菜のテリーヌです。炒めたマッシュルーム、アンチョビ風味のなす、茹でたオマールエビを詰め、ゼラチンを加えたトマトソース流し、冷やし固めました。マッシュルームから出る汁もソースに使い、バルサミコ酢とともに皿に流しています。

### Insalata

## 香箱ガニのスプマンテジュレ

chef 鈴木 弥平

香箱ガニは北陸地方で獲れる雌のズワイガニで、お腹の中にある卵（外子）のプチプチした食感、甲羅の中にある未熟成卵（内子）とミソの濃厚なうま味が味わえるのは、香箱ガニならでは。身肉、卵、ミソを、みじん切りのエシャロットとシャンパンビネガーで和えて、殻で取っただしにスプマンテを合わせたジュレを添えます。ジュレは口溶けがよく香り高い味わいです。

Terrina

## 穴子のテリーヌ

chef 今井 寿

江戸前ずしのタネでも人気の穴子は、イタリアでも海岸線の都市などで食べられている魚。身にゼラチン質を含みますので、生の穴子をテリーヌ型に詰めて湯せんで火を通し、固めます。生臭さの原因になりますので、ぬめりはきちんと取り除くのがポイントです。穴子はテリーヌ以外にも、マリネにしたりフリットにしたりと多彩な料理に用いることができます。

Terrina

## アンコウのテリーヌ

chef 鈴木 弥平

イタリアではアンコウは頭と皮を取り除いた状態で売られていて、3〜5kgのものをローストや煮込みにしています。身肉をはじめ肝など七つ道具と呼ばれるあらゆる部位が食べられます。だしの味もよいのでコラトゥーラで味と香りに深みを出してゼラチンで固めてテリーヌに。特にコリコリした胃とプリプリの皮は食感の差が楽しめるため、ソースにも活用します。

## オマールエビと野菜のスフォルマート

### 材料／4人分

オマールエビ（尾の肉）　2本
なす　2本
マッシュルーム　200g
トマトソース　200cc
板ゼラチン　10g
レモンの皮（すりおろし）　1/2個分
にんにく（みじん切り）　1片分
アンチョビ（フィレ）　適量
クールブイヨン　適量
塩・胡椒　各適量
バルサミコ酢　適量
E.X.V. オリーブオイル　適量
マーシュ　適量
なす（飾り用）　適量

### 作り方

1　板ゼラチンは、水でふやかしておく。
2　オマールエビのテールは殻付きのまま、塩を強めにしたクールブイヨンで、5〜7分茹で、そのまま常温で置く。冷めたら殻を外し、掃除をして身をほぐしておく。
3　オリーブオイルとにんにくを火にかけ、香りが出たら、サイコロ状にカットしたマッシュルームを加え、塩、胡椒で炒め取り出しておく。置いておくとマッシュルームから汁が出てくるので、取っておく。
4　なすもサイコロ状にカットをし、オリーブオイルとにんにく、アンチョビと共に炒めておく。
5　トマトソースは、ミキサーで回しなめらかにし、1のゼラチンを入れて溶かし、固まらないように、調整しておく。
6　プリン型に5のトマトソースを入れ、次に3のマッシュルームを並べ、その上に4のなすをしき、2のオマールエビで蓋をするように型一杯まで入れる。
7　軽く押さえ、冷蔵庫に1〜2時間ほど入れて冷やし固める。
8　飾り用のなすを用意する。ごく薄くスライスし、80℃のオーブンに1時間ほど入れて乾燥させる。
9　3で出たマッシュルームの汁は、レモンの皮、オリーブオイル、塩、胡椒をよく混ぜ合わせ乳化させる。
10　7を型から外して皿に盛り、9のソースをかけ、バルサミコ酢をたらす。マーシュと8のなすを飾る。

## 香箱ガニのスプマンテジュレ

### 材料／4人分

香箱ガニ　4杯
シャンタナ粉（増粘安定剤）　適量
塩　適量
シャンパンビネガー　適量
E.X.V オリーブオイル　適量
セルフイユ、キャビア　各適量

〈スプマンテジュレ〉
板ゼラチン　4 g
水　60 g
砂糖　15 g
スプマンテ　60 g

### 作り方

1　香箱ガニは、12分蒸して冷ます。
2　殻から卵（内子と外子）、ミソ、身肉を丁寧に取る。甲羅は洗って乾かしておく。
3　鍋に殻と水（分量外）を入れ、沸かしてだしを取り、一度漉してから煮詰める。
4　3にシャンタナ粉を加えてミキサーにかけ、ソースを作る。
5　スプマンテジュレを作る。板ゼラチンは冷水（分量外）に2〜3分浸けてふやかしておく。鍋で水と砂糖を沸かして砂糖を煮溶かす。火を止めて水けをきった板ゼラチン加えてむらなく溶かす。スプマンテを加えて容器に移し、粗熱が取れたら冷蔵庫に入れて冷やし固める。
6　2のカニの身肉はほぐし、塩、シャンパンビネガー、オリーブオイルで味を調える。
7　2で洗った甲羅に6を詰めて皿に盛り付け、5のスプマンテジュレを盛ってキャビア、セルフイユを飾る。皿にソースを流す。

## 穴子のテリーヌ

材料／26cmのテリーヌ型1台分

穴子　3kg
オリーブオイル　適量
塩・胡椒　各適量
ヴェルモット酒　90cc
セージ　4枚

バルサミコ酢のソース（煮詰めたもの）
　適量
アーモンドスライス（ローストしたもの）
　適量
プチトマト　適量
わさび菜　適量
紫春菊　適量

作り方

1　穴子は、塩水で洗って表面のぬめりを取り除き、頭を落として腹開きし、内臓と骨、ヒレを取っておく。
2　テリーヌ型にオリーブオイルを薄くぬり、1を皮目を下にして入れ、塩・胡椒をする。1尾を入れるたびに塩・胡椒をしながら、アナゴを型に詰めていく。
3　型の縁までアナゴを詰めたら、最後の1尾は皮目を上にして型に入れ、ヴェルモット酒をふり、セージをのせる。
4　型に蓋をし、湯せんをしてオーブンで1時間ほど焼く。
5　火が通ったら湯せんから出し、蓋を外し、型の内側にぴったり入る板をのせて重しをし、氷にあてて冷ます。
6　冷めたら型から取り出し、カットする。器に盛りつけ、プチトマト、わさび菜、紫春菊を添える。バルサミコ酢のソースを流し、アーモンドをちらす。

## アンコウのテリーヌ

材料／4人分

アンコウ　1尾
塩　適量
日本酒　適量
板ゼラチン　48g
コラトゥーラ　適量
パンチェッタ　200g
タイム　適量
E.X.V. オリーブオイル、白ワインビネガー、
　木の芽　各適量

作り方

1　アンコウをさばき、七つ道具（身肉、肝、ヌノ（卵巣）、ヒレ、エラ、水袋（胃）、皮）に分ける。
2　肝のテリーヌを作る。肝は庖丁で血管をそぎ落とし、一晩水にさらして血抜きをする。塩をし、日本酒をまぶして一晩置く。
3　翌日、肝の表面の水分を拭き取り、ラップに包んで形を整え、数か所空気抜きの穴を開けて20分蒸す。
4　身は塩をして1時間置き、水に30分さらして吸水シートにくるむ。64℃のスチームコンベクションオーブンで60分火にかける。
5　身と肝以外の5つの部位は、4％の塩水（分量外）で約30分煮て取り出し、容器に移し、粗熱が取れたら冷蔵保存する。煮汁はだしとして使う。
6　板ゼラチンを冷水（分量外）でふやかしておき、5の煮汁に加えて溶かし、裏漉しする。コラトゥーラと塩で味を調える。
7　パンチェッタをスライスしてテリーヌ型にしき、3の肝のテリーヌ、4の身、5の胃と皮をだいたい半分ずつで合わせて75gを並べ、6のゼラチン液を流し入れ、タイムを加えて冷蔵庫で冷やし固める。
8　7の残りの胃と皮（おおむね75g）は、刻んでオリーブオイルと白ワインビネガーで和えてソースを作る。
9　木の芽をオリーブオイルに入れて飾りを作る。
10　7のテリーヌは適度な厚さに切って皿に盛り、8のソースを小さな容器に移して添え、9の飾りをちらす。

Terrina

# タコのテリーヌ

 chef 今井 寿

45ページの穴子同様に、タコ自身のゼラチン質を活かしてテリーヌ型で固めた料理で、店によっては「タコのソプレッサータ」と呼ばれています。透明感のあるゼリーは涼しげで、夏の料理としてぴったりです。この料理はタコの味わいが魅力ですので、生タコを使い丁寧に下処理することがポイント。タコは個体によってゼラチンが少ないときがありますので、その場合はゼラチンを補ってください。この料理に相性が良いソースがケッカソースです。トマトの甘み、レモンの酸味が口の中をさっぱりとさせてくれます。

材料／27cm テリーヌ型 1 台分

生タコ　1.8kg
（セミ）ドライトマト　70g
人参　100g
セロリ　100g
玉ねぎ　1個
パセリの葉　少々
フレッシュオレガノ　少々
ローリエ　2枚
白ワイン　180cc

板ゼラチン　12g
ケッカソース　適量

作り方

1　生タコは、生きたままのものを使う。包丁で頭を切り落とし、頭と足に分ける。頭の中に手を入れひっくり返し、墨袋と内臓類を取り除く。足からはクチバシを取る。
2　塩をふってよく揉み、表面のぬめりを取って流水で洗い流す。［写 A］
3　鍋に、タコとひたひたになる程度の水を入れて火にかけ、一度茹でこぼす。［写 B］
4　沸騰したらザルでお湯をきり、再び流水で洗う。［写 C］
5　再び鍋にタコと、ひたひたになる程度の水を入れ、沸かす。ここでもアクが出てくるので、丁寧に取る。［写 D］
6　5 に人参とセロリ、玉ねぎ、パセリの葉、オレガノとセミドライトマトを入れる。セミドライトマトは酸味を補い、タコと合うだしも出る。
7　白ワイン、裏面を火で軽く炙ったローリエを入れ、コルクを浮かせる。［写 E］
8　煮汁の 1％量の塩を加え、タコが柔らかくなるまで 2〜3 時間煮る。煮詰まってくるため、水を加えながら塩分濃度 1％を常に保つ。タコが柔らかくなったところで火を止め、そのまま冷やして味を馴染ませる。
9　鍋が完全に冷えたらタコを取り出し、ぶつ切りにしてテリーヌ型にしき詰める。テリーヌの断面の美しさを表現するなら、タコのカットは省略してもよい。［写 F］
10　小鍋に 9 の煮汁 300cc を入れ、人肌に温める。そこへ、氷水でふやかした板ゼラチンを入れ、溶かして 9 の型に漉し入れる。［写 G］
11　バットに氷水を張り、その中で 2 時間冷やし固める。
12　固まったら取り出し、カットしてケッカソースを添える。

A

ぬめりは、臭みの最も大きな要因。塩を使うと取り除きやすい。

D

ここでもアクはできるだけこまめに取る。次に一緒に煮る野菜にアクが付いてしまい、煮汁に臭みが出てしまう。

G

ゼラチン量は、固まり具合を見て調整する。冷やし固める際、すでにプルプルの状態でなければゼラチンを足す。ゼラチン不足だと、カット時にタコがずれてしまう。

B

タコからはアクがたくさん出る。アクも臭みの原因になるので、こまめに取り除く。

E

イタリアでは、白ワインのコルクは、タコのエグみやアクを取ってくれる役割を果たすといわれる。

C

特に吸盤や足の付け根部分は充分に洗う。ここで全てのぬめりを取っておかないと、タコ自体に臭みが残る。

F

タコをぶつ切りにして型に詰めると、テリーヌ 1 カット分にいろいろな部位が均等に入り、味わいを均質化できる。

Grigliare

# イタリア風イワシのつみれと野菜のスピエディーノ

 今井 寿

焼き串のスピエード（spiedo）に由来する料理で、シチリアなどに多く、イワシに限らず青魚なら何でも使われています。魚と同様に、野菜もお好みです。食感に変化を出すため、根菜類を入れてもいいでしょう。魚や野菜は細かく刻んで混ぜ合わせますので、型崩れしないよう網脂で包んで焼き上げます。炭火を使うと香ばしさも出せます。

## 材料／4人分

- イワシ（フィレ） 350g
- れんこん（茹でたもの） 40g
- 長ねぎ 1本
- タイム 1枝
- 卵 1個
- 塩・胡椒 各適量
- 網脂 適量
- パプリカ 1/4個×4片
- ズッキーニ 1/6個×4片
- かぼちゃ 1/12個×4片
- 粒マスタード 適量
- E.X.V. オリーブオイル 適量
- イタリアンパセリ 適量

## 作り方

1 イワシ、れんこん、長ねぎ、タイムは、それぞれ庖丁で細かく叩く。
2 1をボールに入れて合わせ、卵を入れて粘けが出るまでよく混ぜ合わせたら、塩、胡椒で味を調える。
3 2は12等分してこね、俵型に成形してから、網脂で包む。
4 金串に3と野菜を刺し、オリーブオイルをぬり、グリルして火を通す。
5 火が通ったら器に盛り、粒マスタードを添える。イタリアンパセリを飾る。

Grigliare

# 真ツブ貝と青大根のグリル オリーブ和え

 鈴木 弥平

コリコリと適度な歯応え、ほのかなうま味と甘みのある真ツブ貝は、大きなものを選び、緑色が美しくパリッとした食感が特徴の青大根と合わせます。サルサ・ヴェルデをヒントにイタリアンパセリを3種類のオリーブに替えたソースで和えます。アオヤギ、赤貝、ツブ貝、ミル貝、ホタテを使うのもよく、ホタテは網焼きにしてソースをナッペする方法も美味しいものです。

材料／4人分

真ツブ貝　大ぶりのもの1個
青大根　1/2本
グリーンオリーブ　20粒
ダジャスカ種オリーブ　20粒
カラマタ産オリーブ　10粒
アンチョビ　4枚
E.X.Vオリーブオイル、赤ワインビネガー、
　　塩　各適量
赤辛子水菜　適量

作り方

1　真ツブ貝は殻から外し、身と肝を切り離す。ヘタ、唾液腺（アブラ）などの食べられない部分を取り除き、水洗いしたら水けをよく拭き取る。
2　3種のオリーブは、それぞれ2mm角に刻んでボールに入れ、ペースト状にしたアンチョビ、オリーブオイルを加えてソースを作る。
3　1の真ツブ貝、青大根をそれぞれスライスしてグリルする。
4　3を2のボールに入れて和え、赤ワインビネガーと塩で味を調える。
5　皿に盛り付けてオリーブオイルをたらし、赤辛子水菜を添える。

Grigliare

# 北寄貝のグリル　香草ソース  鈴木 弥平

北寄貝は大きいほど身が肉厚で美味しく、重たくて口が少し開いて中が見えているものが良いと言われています。独特のシャキシャキした食感を活かすため、グリル板で焼き色をつけたらオーブンでさっと火を入れます。ハーブと相性が良いので、セロリ、タイム、イタリアンパセリを使った香り高いソースを添えて味に奥行きを出しています。

材料／4人分

北寄貝　4個

〈香草のソース〉
玉ねぎ（みじん切り）　240g
セロリ（みじん切り）　150g
にんにく（みじん切り）　5g
タイム　3枝
E.X.V. オリーブオイル　適量
イタリアンパセリ　20g
塩　2g
赤白菜　適量

作り方

1　北寄貝は、殻を開いて中身を取り出す。身を開いて内臓を取り除き、水洗いしてぬめりと汚れを落とす。
2　鍋に玉ねぎ、セロリ、にんにく、タイムとオリーブオイルを入れて熱し、じっくりと火を通す。
3　2をミキサーに移し、イタリアンパセリとオリーブオイルを加えてなめらかになるまで回す。塩で味を調えてソースを作る。
4　1の水けを拭き取ってグリル板で焼き色を付けたら、200℃のオーブンで1～2分火を通す。
5　皿に3のソースを敷き、4の北寄貝を盛り付ける。赤白菜をせん切りにしてオリーブオイルと塩で味を調え、北寄貝に添える。

Al forno

# ポルチーニ茸とエビのトレヴィス巻き<br>"ファゴット" サフランのソース

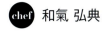 和氣 弘典

トレヴィスで、エビとポルチーニ茸を包んだ料理です。甘みの強いエビは、苦みのあるトレヴィスと組み合わせると味のバランスが良いことから、トレヴィスが特産のヴェネトではエビの料理には組み合わせることが多いものです。また香辛料にも、やはりエビとの相性がいいサフランを使いました。エビは、ここでは天使エビを使いました。

## 材料／4人分

- ポルチーニ　400g
- トレヴィス（大きい葉のもの）　4枚
- エビ（詰め物用）　35g×8尾
- エビ（飾り用）　35g×8尾
- パン粉　50g
- ペコリーノ・ロマーノ　50g
- タイム　3g
- エシャロット　15g
- 白ワイン　150cc
- E.X.V. オリーブオイル　適量
- サフラン　0.5g
- 塩・胡椒　各適量
- タルティーボ　適量

## 作り方

1. ポルチーニはきれいに掃除をし、スライスをする。
2. 詰め物用のエビは殻をむき、掃除をし庖丁で粗く叩いておく。飾り用のエビは、頭と尾を残して殻をむき、掃除をしておく
3. 鍋にオリーブオイル、エシャロットを入れて炒め、1のポルチーニを入れる。炒まったら鍋から取り出してボールに入れ、2の詰め物用のエビ、タイム、パン粉、ペコリーノを入れ味を調える。
4. トレヴィスを茹で、水けをきり、3を包み、170℃のオーブンで焼く。
5. 鍋にオリーブオイル、エシャロットを入れて炒め、2の飾りのエビを加えソテーする。
6. 5に白ワインを注いで香り付けをしたら、エビを取り出し、汁にサフランを加え、味を調えてオリーブオイルを加え乳化させる。
7. 皿に4のポルチーニとエビを盛り付け、6のソースをかけて、タルティーボを飾る。

> Al forno

## シラスのティアーナ

chef 今井 寿

シラスを浅鍋に入れて調理した料理です。この料理はペコリーノで塩けを補い、カラブリアでは特産の調味料・サルデッラなどを合わせたパン粉を層にして焼き上げます。焼きたてでも冷めても美味しいので、バールなら大きな器で作って1人分ごとに取り分けたりもできます。サルデッラがないときは、アンチョビと唐辛子を練ったもので代用できます。

### 材料／4人分

生シラス　1kg
ペコリーノ・ロマーノ（粉）　100g
パン粉　150g
にんにく（みじん切り）　2片分
イタリアンパセリ（みじん切り）　10g
レモンの皮（すりおろし）　1個分
E.X.V オリーブオイル　200cc
サルデッラ　8g
塩・胡椒　各適量

### 作り方

1. ペコリーノ、パン粉、にんにく、イタリアンパセリ、レモンの皮、オリーブオイル、サルデッラをボールで合わせ、塩、胡椒で味を調える。
2. 天板にオリーブオイルをぬり、1と生シラスを層にして3回重ね、オリーブオイルをかけ、180℃のオーブンで10分焼く。

Al forno

# 牡蠣の塩味ザバイオーネオーブン焼き

chef 和氣 弘典

貝の殻を器に使う古典的な料理の一つで、牡蠣にザバイオーネを組み合わせたオーブン焼きです。牡蠣の身は、燻製にしたグアンチャーレを巻くことで、風味とコクをプラスしました。ザバイオーネには牡蠣と相性の良いエシャロットとスプマンテも加え、もったりと泡立てます。牡蠣の下にはポロねぎのペーストをしき、身と一緒に味わえるようにしました。

材料／4人分

牡蠣　8個
グアンチャーレアフミカート（スライス）　8枚
ポワローねぎ（スライス）　100g
バター　50g
クールブイヨン　100cc

〈ザバイオーネ〉
卵黄　4個分
エシャロット　20g
スプマンテ　100cc
塩・胡椒　各適量

作り方

1　牡蠣は殻を開いて身を取り出す。殻は上半分は捨て、下半分の殻は熱湯で煮沸しておく。
2　ポワローねぎは、材料のバターのうち25gを鍋で溶かして炒め、クールブイヨンを入れ、煮る。
3　ねぎが柔らかくなったらミキサーに入れ、回してピューレにする。
4　ザバイオーネを作る。耐熱ボールに卵黄とエシャロットを加えてかき混ぜ、スプマンテを加える。
5　4は湯せんにかける。湯せんの湯を沸騰させないよう注意しながら絶えず泡立て、とろみがつくまで10分程度加熱する。
6　とろみが付いたら湯せんからおろし、残りの25gのバター、塩、胡椒を加え、ザバイオーネとする。
7　天板に粗塩をしき、1の下半分の殻を並べ、それぞれの殻に3のピューレを大さじ1杯ずつ入れ、その上に1の牡蠣の身にグアンチャーレを巻いてのせ、6のザバイオーネを大さじ1杯かける。
8　200℃のオーブンで、4〜5分焼く。
9　皿に粗塩をしき、8を殻ごと盛り付ける。

## Al forno

## ラルドを添えたボタンエビの
## ボッコンチーニ
## アンチョビ風味のブロッコリーソース

chef 和氣 弘典

香ばしさと淡白な甘みが魅力のエビは、ラルドの塩けと組み合わせ、甘みを強調することが多いもの。ここでは、日本のエビパンのようにエビを叩いてパンで挟み、そこにラルドで巻いてパサつきが出ないようにし、オーブンで焼きました。ラルドの塩けがありますので、アンチョビとブロッコリーで作った、あっさりとした味わいのソースで食べます。

### 材料／4人分

食パン　4枚
ボタンエビ　30g×16尾
ラルド（スライス）　16枚
ブロッコリーの葉　適量

〈アンチョビ風味のブロッコリーのソース〉
ブロッコリー　100g
アンチョビ　20g
にんにく（みじん切り）　1片分
E.X.V. オリーブオイル　適量
塩・胡椒　各適量

### 作り方

1　ブロッコリーのソースを作る。ブロッコリーは、小房に分けて塩茹でにする。
2　鍋にオリーブオイルとにんにくを入れて火にかけ、香りが出てきたらアンチョビを加えてさらに炒め、1のブロッコリーを入れてさっと炒める。
3　胡椒で味を調え、オリーブオイルと共にミキサーにかけてクリーム状にする。
4　ボタンエビは頭を取って殻をむき、掃除をし、庖丁で刻んで塩・胡椒で下味をつけ、食パン2枚で挟む。頭は残しておく。
5　4は8等分にカットし、一つずつラルドを巻き、190℃のオーブンで焼く。
6　器に盛り付け、3のクリームを添え、4で残しておいたエビの頭とブロッコリーの葉を飾る。

Al forno

# 白子をのせた玉ねぎのズペッタ ピッツァ窯焼き

 chef 臼杵 哲也

ズペッタ（Zuppetta）は、ピエモンテの家庭で見られる具だくさんのスープ料理のこと。酒飲みには、「汁物」も酒の肴の一つであることをヒントに考えたのがこの料理で、あくまで前菜の一品です。オニオングラタンスープに白子をのせるイメージの料理で、ペコリーノの塩け、玉ねぎの甘みが、加熱してとろっとなった白子を引き立て、ワインが進みます。

材料／4人分

生白子　200g
玉ねぎ　3個
ブロード・ディ・カルネ（下記参照）
　600cc
硬くなったパン（スライス）　4枚
ペコリーノ・ロマーノ　適量
E.X.V.オリーブオイル　適量
塩・粗挽き黒胡椒　各適量
小麦粉　少々
イタリアンパセリ（みじん切り）
　適量

〈ブロード・ディ・カルネ〉
牛スネ肉　1kg
鶏モモ肉　1枚
鶏ガラ　3羽分
玉ねぎ　1個
人参　1本
セロリ　1本
水　3ℓ
塩　ひとつまみ

作り方

1　ブロード・ディ・カルネを作る。鶏ガラはさっと茹でて血と汚れを洗い流す。野菜類はカットせず、肉も塊のまま、鶏ガラとともに鍋に入れて水を注ぐ。

2　強火にかけ、できるだけ細かくアクをひく。沸騰したらさらにアクが出てくるので、しっかりとアクを取り除く。

3　塩ひとつまみを入れ、もう一度細かにアクを取ってから火を弱め、4時間～4時間半煮出し、布で漉す。

4　玉ねぎは、できるだけ薄くスライスして鍋に入れ、オリーブオイルを加えて弱火でじっくりと炒める。

5　玉ねぎがあめ色になったら、3のブロードを加え、一度沸騰させてアクを取り、しばらく煮詰める。味を見て足りなかったら塩を加える。

6　スライスしたパンはペコリーノの粉をのせ、サラマンダーでこんがりと焼く。

7　白子は適当な大きさにカットして塩・胡椒し、粉を付けてオリーブオイルを熱したフライパンでこんがりと焼く。

8　耐熱皿に5をしき、6をのせ、その上に7をのせる。ピッツァ窯の温度の低いところに置き、こんがりと焼く。イタリアンパセリと黒胡椒をふる。

Saltato

# 白子のソテー 赤ワインビネガーソース

chef 鈴木 弥平

真鱈の白子はイタリアでは使いませんが、コクがあって美味しく、日本では高級品として扱われています。生食用の張りがあって新鮮なものを選ぶことが大切。パルミジャーノを薄いクレープ状に焼いて白子を包み、パルミジャーノの塩味とコクを加えます。シャキシャキに揚げたポワローねぎのせん切り、深みのある赤ワインビネガーソース、パリッとしたパルミジャーノのクロッカンテ、多彩な味と異なる食感が白子をより美味しく引き立てます。

## 材料／4皿分

真鱈の白子　320g
ポワローねぎ　1/2本
太白胡麻油　適量
パルミジャーノ　適量
オレガノ　適量
塩、白胡椒　各適量
E.X.V. オリーブオイル　適量
赤ワインビネガー　20cc
スーゴ・ディ・カルネ　120cc
ケッパーベリー　適量

## 作り方

1. 真鱈の白子の内膜や血管を切り取る。白子本体を傷つけないようにして適度な大きさに切り分ける。［写A］
2. ポワローは、せん切りにして、さっと茹でる。
3. 2はダスターにあげて15分くらい置き、水けをしっかり切ってから、160℃の太白胡麻油で花が咲くように揚げる。［写B］
4. クロッカンテを作る。熱したフライパンにパルミジャーノを薄く広げてオレガノをちらし、溶けてきたら火を止めてはがし、キッチンペーパーにあげて余分な油をきる。
5. 1の白子に塩、胡椒をふる。テフロンのフライパンにオリーブオイルを熱し、強火で焼く。［写C］
6. 白子の側面に色が付いてきたら、ひっくり返して弱火にする。白子を少しずらしてフライパン上にスペースを作り、パルミジャーノを薄く広げてクレープ状に焼く。
7. 6と同時進行で赤ワインビネガーとスーゴ・ディ・カルネを詰めてソースを作る。
8. 白子は、上面と下面それぞれ1/3ずつに火を入れる。［写D］
9. 火が通ったら、パルミジャーノで包んで皿に盛り付ける。ソースをかけてポワローとクロッカンテを添えてケッパーベリーを飾る。

---

### スーゴ・ディ・カルネ

〈材料〉仕込み量

仔牛骨　4kg
仔牛肉　1kg
にんじん　2本
玉ねぎ　2個
セロリ　2本
にんにく　1玉
水　10ℓ
塩、白粒胡椒、ローリエ、タイム
　　各適量
トマトホール缶　1缶

〈作り方〉

1. 仔牛骨、仔牛肉、野菜を天板に並べオーブンで焼く。
2. 1と水10ℓ、塩、白粒胡椒、ローリエ、タイム、トマトホール缶を入れ、アクを引きながら80℃くらいで静かに加熱する。
3. 最終的に4ℓくらいまで煮詰め、裏漉ししたら完成。らいことことと煮込み、シノワで漉す。

---

A

白子の内膜や血管は、焼くと苦みになり、口に残って食感もよくないため、庖丁で切り取る。血管を取り除いた部分から切り分けやすくなる。

C

白子を焼く際は、表面に膜を作るよう、火は強火。弱火だと水分が出てぶりっと焼き上がらない。

B

素揚げしたポワローねぎは、キッチンペーパーにあげたらペーパーを何度か取り替えて余分な油をきる。シャキシャキの歯応えにして白子の食感にアクセントを与える。

D

白子は、上面と下面それぞれ1/3ずつに火を通すと、余熱でいい具合に中まで火が入る。火を入れすぎると白子独特のぶりっとしつつとろりとした食感が損なわれるので注意する。

## Saltato

### 白子の生ハム巻きソテー ヴェルモット酒とバターのソース

chef 和氣 弘典

白子特有のトロッとした食感を残すために、衣を付けずに加熱できないかと考えた料理です。サルティンボッカをイメージし、生ハムで巻いてじっくりとソテーし、ヴェルモット酒をふります。ちなみにヴェルモット酒を使うのは、白ワインだと酸味が立ちますが、ヴェルモットは香草を香りと甘みがあり、白子にもよく合うからです。

**材料／4人分**

真鱈の白子　60g×4個
プロシュット（スライス）　30g×4枚
小麦粉　適量
にんにく（みじん切り）　1片分
イタリアンパセリ　適量
ドライヴェルモット　200cc
無塩バター　100g
E.X.V. オリーブオイル　適量
ポワローねぎ　適量
シブレット　適量
ピンクペッパー　適量

**作り方**

1. 白子は掃除をし、洗って水けを拭き取る。
2. 1は塩、胡椒をし、プロシュットで巻く。
3. 熱したフライパンにオイルを入れ、2に粉をして焼く。
4. 全体に焼き色が付いたら余分な油を捨て、にんにくを入れ炒めヴェルモット酒を注ぐ。アルコールを飛ばし、煮詰めながら、白子に火を入れる。
5. 4の白子に火が入ったら、取り出して器に盛る。
6. 5の鍋に残ったソースは別鍋に漉し、バターを入れ乳化させソースとする。
7. せん切りにして素揚げしたポワローねぎを5の白子の上に添え、6のソースを流す。みじん切りにしたシブレットとピンクペッパーをちらす。

Bollire &
Vapole

# バッカラのビチェンツァ風

 北村 征博

バッカラを牛乳で煮込んだ、文字通りビチェンツァの伝統料理です。この料理のポイントは、まずは気長に水で戻すこと。朝晩毎日水を取り替えながら、2〜3日かけて戻します。そして煮る際には、かき混ぜないこと。鍋に入れたら煮上がるまで極力手を加えませんので、火加減には注意してください。ポレンタを添えるのも、ビツェンツァ風の特徴です。

材料／1人分

〈バッカラ〉
バッカラ　150g
オリーブオイル　大さじ1
にんにく（みじん切り）　1/8片分
玉ねぎ（ざく切り）　1/8個分
牛乳　300cc
ナツメグ　少々
アンチョビ（フィレ）　2枚
塩・胡椒　各適量
パルミジャーノ・レッジャーノ　少々

〈付け合せ〉
ポレンタ粉　適量
塩　少々
水　適量

作り方

1. バッカラを下処理する。容器に入れて水を注ぎ、毎日水を替えながら2〜3日かけて戻したら、骨を取る。
2. 付け合せ以外の材料を全て耐熱皿に入れ、直火にかける。
3. 沸騰したらパルミジャーノをふりかけ、180℃のオーブンで約30分煮込む。
4. ポレンタを作る。塩少々を加えた水にポレンタ粉を入れて混ぜ、火にかけて、混ぜながら30分ほど炊く。
5. 容器に入れて冷やし固め、成形してフライパンで焼き色を付ける。
6. 器に3のバッカラを盛り、5のポレンタを添える。

Bollire & Vapole

## イカの墨煮　ヴェネツィア風

chef 今井 寿

ヴェネツィア名物として知られる料理で、墨イカで作るのが伝統的です。この料理のポイントは、新鮮なイカ墨を使うこと。臭いのあるものは駄目で、イカから取り出した墨袋がパンパンに張っているものほど鮮度が高いので、そうしたものを使います。アンティパストだけでなく、パスタのソースやリゾットのベースにも使えて、使い勝手のいい料理です。

### 材料／4人分

- 墨イカ　2杯
- 玉ねぎ（スライス）　150g
- にんにく（スライス）　2片分
- アンチョビ（フィレ）　2枚
- 白ワイン　90cc
- トマトペースト　小さじ1
- イカ墨　15g
- ブロード・ディ・ポッロ　500cc
- パルミジャーノ・レッジャーノ（すりおろし）　少々
- 塩・胡椒　各適量
- E.X.V. オリーブオイル　適量
- トマトソース　適量
- イタリアンパセリ　適量

〈ポレンタ〉
- ポレンタ粉　適量
- 水　適量

### 作り方

1. 墨イカは、胴の部分に縦に切れ目を入れて甲羅を取り出し、ワタを取り出す。墨袋は破かないように取り出す。足を外して肝を切り取り、食べやすい大きさにカットする。胴は薄皮をむき、掃除をして短冊にカットしておく。
2. 鍋にオリーブオイルとにんにくを入れて火にかけ、にんにくがきつね色になったら玉ねぎを入れてさらに炒め、さらにアンチョビを加えて軽く炒める。
3. 別鍋にオリーブオイルを熱し、1のイカを入れてよく炒め、トマトペーストを加えて軽く炒める。
4. 白ワインを加えてアルコール分を飛ばしたら、2の鍋に加え、イカ墨とブロードを注いで、イカがやわらかくなるまで煮る。
5. 塩、胡椒で味を調えたら、火から下ろしてパルミジャーノを加えて合わせる。
6. ポレンタを作る。鍋にポレンタ粉と水を入れて火にかけ、ダマにならないようよくかき混ぜながら30分ほど煮込む。
7. 型に流し込んで冷やし固め、カットしてグリル板で両面に焼き色を付ける。
8. 器に5を盛り、トマトソースをのせる。7のポレンタを添え、イタリアンパセリを飾る。

Bollire & Vapole

# ミミイカのインツィミーノ

chef 北村 征博

魚介と青菜のトマト煮込み料理です。リグーリアが発祥の料理ともいわれ、今ではイタリア各地で作られています。田舎っぽい味わいで、食べるとほっとする料理です。魚はイカを使うことが多いので、ここではミミイカを使いました。内臓まで食べられる小さなイカを使うと、ワタも一緒に煮込んでしまえますので、コクと深みがさらに強調できます。

### 材料／1人分

ミミイカ　200g
トマトホール　60g

A
ふだん草（ざく切り）　50g
セロリ（ざく切り）　30g
玉ねぎ（粗みじん切り）　20g
E.X.V. オリーブオイル　大さじ1
塩　少々
唐辛子（細かいみじん切り）　一つまみ
塩・胡椒　各適量
E.X.V. オリーブオイル　適量

### 作り方

1. ミミイカは、目をハサミで切り取る。
2. Aを調理する。鍋にオリーブオイルを熱して野菜を入れ、炒めたら、塩と唐辛子を加え、さらに炒める。
3. 2に1のイカを加えてさらに炒めたら、トマトホールを加え、10分ほど煮て冷ます。
4. 冷たいまま器に盛り付ける。

Bollire & Vapole

# バイ貝のマルケ風

chef 岡村 光晃

イタリア半島の"ふくらはぎ"にあたる部分に位置するマルケ州は、海の幸だけでなく、内陸部は山の幸も豊富な地域です。この料理はバイ貝を使い、山の幸のウイキョウ、松の実、オリーブ、玉ねぎ、ケッパーとともにトマトで煮込んだ、マルケ風の貝の煮付けといった郷土料理。バイ貝は苦みが少なくうま味の強い貝で、冷めても美味しくワインに合う前菜です。

材料／2人分

バイ貝　500g
ウイキョウ　1本
ホールトマト　100cc
にんにく　1片
ケッパー、オリーブ　各適量
白ワイン　800cc
塩・胡椒　少々
サルサ・ヴェルデ　適量

作り方

1　バイ貝は、貝をよく洗ってから下茹でし、殻から外す。
2　ウイキョウはみじん切りにして鍋に入れ、1の身を入れて、ホールトマト、白ワイン、ケッパー、オリーブを加えて約1時間煮込む。
3　器に盛り、仕上げにサルサ・ヴェルデを少量かける。

Bollire & Vapole

# 煮ハマグリの冷菜

 岡村 光晃

煮ハマグリも、コハダ同様に江戸前のすしダネとして知られる料理です。春先はハマグリの美味しい季節ですので、その時期にはハマグリの持ち味を活かしながらもイタリア料理のテイストで楽しませたいと考案しました。茹でて殻が開いたら、身が固くならないようにすぐ外し、ハマグリのだしとバルサミコで調味した汁につけておきます。味が馴染んだら、サラダ仕立てにしたフレーグラの上に盛ります。

### 材料／2人分

- ハマグリ　6〜8個
- フレーグラ　50g
- バルサミコ酢　適量
- ベビーリーフ　適量
- フルーツトマト　1〜2個
- イタリアンパセリ　適量

### 作り方

1. ハマグリは下茹でをし、殻が開いたら取り出して身を外し、肝を抜いて開く。煮汁は取っておく。
2. 1の煮汁を煮詰め、バルサミコ酢を加えて、1のハマグリを浸ける。
3. フレーグラは、茹でて冷やしておく。
4. ベビーリーフは食べやすい大きさにちぎり、フルーツトマトの角切り、3のフレーグラと和えて器に盛り、2のハマグリを水けをきってのせ、2の浸け汁をかける。
5. ちぎったイタリアンパセリをちらす。

Bollire & Vapole

## タコのルチアーナ　chef 今井 寿

タコを使うイタリア料理の中でも、代表的な一品がこの料理。ナポリのサンタ・ルチアナ地区で生まれたことからこの名があり、「Polpo affogato 溺れダコ」とも呼ばれます。タコはトマトとの相性が良く、両者を合わせると単独で用いる場合よりも格段にうま味が増します。このままでも美味しいですが、さらにオリーブやケッパーなどを加えるレシピなど、さまざまにアレンジされます。前菜でも、一品料理でも、パスタのソースにも使える利用範囲の広い料理なので、作っておくと重宝します。

### 材料／作りやすい分量

真ダコ（茹でたもの。49ページ参照）　500g
にんにく（みじん切り）　1片分
水煮トマト　300g
白ワイン　90cc
イタリアンパセリの茎　適量

ウイキョウ（スライス）　適量
ルーコラ　適量

### 作り方

1　タコは頭を切り取り、目やクチバシがついているときは切り取る。足の間に包丁を入れ、1本ずつに切り離す。
2　鍋に1を入れ、にんにく、水煮トマト、白ワイン、イタリアンパセリの茎を加えて強火で煮る。［写A］
3　煮汁が少なくなったら、水を足しながらやわらかくなるまで煮る。
4　煮えたら器に盛り、スライスしたウイキョウをのせ、ルーコラを添える。

A

タコは材料を一度に鍋に入れて煮る。タコは煮ると硬くなるが、長時間煮ることでやわらかくなるので、煮汁が少なくなったら水を足しながら、やわらかくなるまで煮ると良い。長時間煮るので、イタリアンパセリは茎の部分を使う。

Bollire & Vapole

## イワシのナポリ風

chef 岡村 光晃

冷蔵庫や冷凍庫がなかった時代、魚を保存するために酢漬けやオイル漬けなどの保存料理が発達しました。この料理も、そうした保存料理をアレンジしたものです。イワシのオイル漬けと玉ねぎ、ウイキョウのマリネに、パン粉とトマトソースを重ねたものをオーブンで焼きます。パン粉を加えるのは、昔、チーズが高価で買えなかった貧しい家庭の知恵として、パン粉で代用したものです。

材料／長さ25cmのテリーヌ型1本分

イワシ（オイル漬け）　12～14尾
玉ねぎ　1個
パン粉　30g
オレガノ　5g
赤ワインビネガー　50cc
白ワイン　適量
トマトソース　100cc
E.X.V. オリーブオイル　30cc
塩・胡椒　各少々

好みの野菜　適量
ピスタチオ（くだいたもの）　適量

作り方

1　スライスした玉ねぎを塩もみし、水けをきってパン粉、オレガノ、赤ワインビネガー、白ワイン、トマトソース、オリーブオイル、塩・胡椒と合わせてよく混ぜておく。
2　耐熱容器に1とイワシを交互に重ねて入れ、160℃に予熱したオーブンで30分焼く。
3　焼き上がったらよく冷まし、一晩寝かせてから器に盛り付ける。好みの野菜を添え、くだいたピスタチオをふる。

Bollire &
Vapole

## 子持ち鮎のオイル煮
## 熟成じゃが芋と香草のサラダ添え

chef 北村征博

鮎はイタリアにはありませんが、日本では人気も高い魚なので、たくさん手に入ったときにはコンフィにして冷蔵保存し、オーダーが入ったら表面をパリッと焼いて出すようにしています。鮎は春先の稚魚から晩秋の落ち鮎まで、季節で魚の風味が変わってきますので、合わせる素材も季節季節で変化させます。夏場はきゅうりと香草を、子持ちの時期になると卵うま味が強調されますので、きゅうりをじゃが芋に代えて合わせます。

材料／1人分

子持ち鮎　1尾
塩　少々
E.X.V. オリーブオイル　適量

〈付け合せ〉
熟成じゃが芋（茹でてスライスしたもの）
　　小1/2個分
ミックスハーブ　一つまみ
白ワインビネガー　小さじ1
E.X.V. オリーブオイル　小さじ1
塩　適量

作り方

1　鮎は塩をし、2時間置いておく。
2　1は深さのある容器に移し、浸る量のオリーブオイルを注ぎ、90℃で3時間ほど、串を刺して中骨があたらなくなるくらいにやわらかくなるまで煮る。煮上がったら、冷蔵しておく。
3　2の油をフライパンに熱し、2の鮎を入れて表面をカリッと焼き上げる。
4　熟成じゃが芋、ミックスハーブはボールに入れ、白ワインビネガー、オリーブオイルと塩を加えて和える。
5　器に4のサラダをのせ、上に3の鮎を盛り付ける。

Bollire & Vapole

# 蒸しアワビの肝ソース

chef 鈴木 弥平

活けアワビの美味しさを堪能できるよう、やわらかく蒸し上げます。酸味をきかせたいときにはワイン、甘みを残したいときには日本酒を使うとよく、ここでは両方を使って蒸すことでバランスを取りました。独特のうま味がある肝は、蒸し汁と合わせてソースに。アンチョビで塩味と深みを出しますが、アンチョビが手前に出すぎないように調整するのがポイントです。

### 材料／4人分

活けアワビ（120g前後のもの）　4個
E.X.V オリーブオイル　適量
にんにく　1片
日本酒　400cc
白ワイン　400cc
アンチョビ　1枚
バター　20g
鶏と野菜のブロード（42ページ参照）
　100g
塩　適量
ポワローねぎ　1/4本

〈飾り野菜〉
赤・黄ピーマン　各1/4個
きゅうり　1本
セロリ　1本
人参 1/4本
セルフィーユ 適量

### 作り方

1　アワビは、洗って汚れやぬめりを取る。
2　大き目の平鍋に、オリーブオイルと軽く潰したにんにくを入れて火にかける。オイルに色が付いたら、1のアワビを殻を下にして入れ、日本酒と白ワインを加えてやわらかくなるまで（90～120分）蒸す。鍋の大きさは、アワビを入れたときに日本酒と白ワインが殻の高さより低くなってほどよく蒸せるサイズを選ぶ。鍋の汁は取っておく。
3　殻から身を外し、身の裏側についているワタを取り除き、身と肝を分ける。
4　ミキサーにアンチョビ、3で外した肝、2の鍋の汁を入れてなめらかになるまで回して裏漉しする。
5　鍋にバターとブロードを入れて熱し、塩で味を調えたら、ポワローねぎを加えて1時間蒸し煮にする。
6　飾り野菜は、それぞれ約0.5mmの角切りにし、下茹でしておく。
7　皿に4の肝のソース、5のポワローねぎをしき、3のアワビの身をのせてセルフィーユ、6の飾り野菜を盛り付ける。

Bollire & Vapole

# 飯ダコと豆の
# オリーブオイル煮

**chef** 岡村 光晃

春が旬のやわらかい飯ダコは、トマト煮やひよこ豆などとともにオリーブオイルとワインで煮上げるのが、南イタリアの定番です。このワイン煮は、オリーブオイルをやや多めにして、コンフィやアヒージョのような感覚で仕上げた温かい前菜です。飯ダコから出たうま味と香りがオイルにも移り、シンプルながらワインが進む一皿です。

**材料／2～3人分**

飯ダコ　5～6杯
ヒヨコ豆　100g
玉ねぎ　2個
タイム　4～5枝
白ワイン　200cc
E.X.V. オリーブオイル　1ℓ
塩・胡椒　適量

**作り方**

1　ヒヨコ豆は水に浸して戻しておく。
2　飯ダコは、墨袋、内臓、クチバシ、目を取り、塩でもんでぬめりを取っておく。
3　玉ねぎはざく切りにする。
4　1、2、3と残りの材料を深鍋に入れ、2～3時間、じっくりと煮込む。塩・胡椒で調味する。
5　耐熱の小鍋に盛り付ける。

Bollire & Vapole

# クジラのバルサミコ煮込み

chef 北村 征博

クジラは哺乳類で魚介とは異なるのですが、魚屋で手に入る海の食材ですので、使ってみました。店でもクジラを使う機会がありますが、メインでは出せない部分が出ますので、その部位を使って前菜に仕立てます。個性が強い素材なので、シンプルにバルサミコ酢だけで合わせて煮込みました。前菜盛り合わせの一品として使っても、アクセントになります。

### 材料／作りやすい分量

- クジラの切り身（ざく切り） 150g
- バルサミコ酢 150cc
- 塩 少々
- トレビス 適量

### 作り方

1. クジラとバルサミコ酢を鍋に入れ、弱火で煮詰める。とろみが出てカラメル状になる手前まで煮詰める。
2. 煮詰めたら、塩で味を調える。
3. 器に盛り付け、トレビスを添える。

### Fritto

## じゃが芋と白身魚のコロッケ
## アンチョビクリームのソース

 今井 寿

白身魚とじゃが芋で作った、シンプルな味わいのコロッケです。魚は残った身や掃除して出た端身でも利用できますので、ロス対策にもできて便利です。コロッケ自体が淡白な味わいなので、にんにくの粒々感を残してこってりと仕上げた、アンチョビクリームソースを合わせました、前菜以外でも、バールでもワインのおつまみとして出せる一品です。

材料／4人分

じゃが芋（茹でたもの）　200g
白身魚　80g
アーモンドスライス（軽く炒ったもの）
　10g
オレガノ　少々
塩・胡椒　各適量
小麦粉　適量
卵　適量
パン粉（目の細かいもの）　適量
ヒマワリ油（揚げ油）　適量
セロリの葉　適量

〈アンチョビクリームソース〉
無塩バター　10g
にんにく（みじん切り）　1片分
アンチョビ（フィレ）　3枚
生クリーム　240cc
塩・胡椒　各適量

作り方

1　白身魚は皮と骨を取って細かく刻み、オリーブオイルで炒めて塩、胡椒をしておく。じゃが芋は粗くつぶしておく。
2　1、アーモンドスライス、オレガノと塩をボールに入れてよく混ぜ合わせる。
3　2はピンポン玉大に丸め、小麦粉、溶き卵、パン粉の順で付け、170℃のヒマワリ油で色よく揚げて油をきる。
4　ソースを作る。鍋にバターとにんにくを入れて火にかけ、弱火できつね色になるまで炒める。
5　アンチョビを入れて軽く炒めたら、生クリームを注ぎ、3分の2量になるまで煮詰める。塩、胡椒で味を調え、ソースとする。
6　器に5のソースをしき、3を盛る。セロリの葉を飾る。

| Fritto |
| --- |

## シラスのゼッポリーネ ガエタオリーブのペースト添え

chef 和氣 弘典

南イタリアの定番の前菜・ゼッポリーネ。シラスや海苔を入れてバリエーションを出すことが多いこの料理、美味しく作るポイントは、生地づくりにあります。まずシラスは生を使い、次に生地の材料を合わせたらシラスを入れ、一緒に発酵させることでシラスのうま味を生地にも移します。小ぶりで小豆色のガエタノオリーブでソースを作り、オリーブの塩けで味わいます。

### 材料／4人分

- 生シラス　200g
- "00" 粉　200g
- 水　150g
- 生イースト　15g
- 塩　2.5g
- 砂糖　1g
- E.X.V. オリーブオイル　3g
- 赤玉ねぎ　1/2 個
- ロメインレタス　適量適量
- 塩・胡椒　各適量
- ブラックオリーブの粉（低温のオーブンで乾燥させて粉状にしたもの）適量

〈ガエタオリーブのペースト〉
- ガエタ産オリーブ　75g
- パン　15g
- E.X.V. オリーブオイル　75g

### 作り方

1. "00" 粉、イースト、塩、砂糖、オリーブオイル、水をボールに入れ、混ぜ合わせる。
2. シラスはよく洗い、1と混ぜ合わせ、1時間ほど休ませておく。
3. ガエタオリーブのペーストを作る。ガエタオリーブ、食パン、オリーブオイルはミキサーにかけ、混ぜ合わせる。
4. ロメインレタスは、赤玉ねぎ、EXV オリーブオイル、塩、胡椒で味付けする。
5. 2はスプーン2個を使って丸く取り、170℃のオリーブオイルで揚げる。うっすら色付いて中まで火が通ったら、取り出して油をきる。
6. 皿に3のペーストをぬり、5のゼッポリーネを盛り付ける。4のサラダを飾る。ブラックオリーブ・パウダーをちらす。

## Fritto

# 太刀魚のアグロドルチェ

 岡村 光晃

一般に、イタリアでは料理にあまり砂糖を使いませんが、南イタリア、特にシチリアでは酢と砂糖を使った手法が見られます。それが暑い日も食欲をかき立てる、アグロドルチェ（甘酸っぱい味わい）の味付けです。この料理では、揚げた太刀魚の上に甘酸っぱく煮込んだ赤玉ねぎなどの野菜をかけます。熱々ではなく、常温でサーブするところが特徴です。

### 材料／2人分

太刀魚　1尾
小麦粉　適量
赤ワインビネガー　50cc
赤玉ねぎ　1個
砂糖、塩　適量
E.X.V. オリーブオイル　適量
ケッパー　少々
ローリエ　2枚
ピュア・オリーブオイル（揚げ物用）
　適量
イタリアンパセリ（みじん切り）　少々

### 作り方

1. 赤玉ねぎをスライスし、オリーブオイルで軽く炒め、ケッパーとローリエを加え、砂糖、塩、赤ワインビネガーで調味する。
2. 太刀魚は3～4cm長さに切り分け、表面に粉をまぶしてピュア・オリーブオイルでカリカリに揚げる。
3. 器に2を盛り、上に1をのせ。イタリアンパセリをちらす。

Fritto

## 飯ダコのセモリナ粉揚げ ウイキョウとオレンジの カポナータ添え

chef 和氣 弘典

飯ダコにセモリナ粉を付けて揚げた、シンプルな一品です。この料理のポイントは、タコはさっと茹でてから油に入れる点。下茹での段階で火を入れすぎると、仕上がりが硬くなってしまうからです。また生からは絶対に揚げません。タコは水分が多くて火が入るまでに時間がかかるため、仕上がりが硬くなってしまうからです。タコと相性の良いウイキョウを組み合わせます。

### 材料／4人分

飯ダコ　8杯（80g）
セモリナ粉　50g
小麦粉　適量
E.X.V. オリーブオイル　適量
卵　2個
ヒマワリ油（揚げ油用）　適量
ペコリーノ・ロマーノ（すりおろし）　15g
ウイキョウ　1個
オレンジ　1個分
ホワイトバルサミコ酢　適量
塩・胡椒　各適量

### 作り方

1 飯ダコは墨袋と内臓、目とクチバシを取り除き、塩もみしてぬめりを取り、水洗いする。

2 オレンジは皮をむき、薄皮から果肉を取り出し、ウイキョウとともにそれぞれコンカッセにする。オレンジの皮は取っておく。

3 2はオリーブオイル、ホワイトバルサミコ酢、ペコリーノでからめ、セルクルで型をとり、カポナータを作る。

4 1の飯ダコは塩の入った湯に軽く通し、水分を拭き取り、小麦粉をまぶしてから溶き卵に落とし、その後セモリナ粉にまぶす。

5 4はヒマワリ油で揚げる。あまり長い時間揚げないこと。

6 皿の中央に3のカポナータを円形に抜いて盛り、その上に油をよくきった5をのせる。

7 分量外のペコリーノと、2で残しておいたオレンジの皮をすりおろしてふりかけ、オリーブオイルをふる。ウイキョウの葉を飾る。

Antipasto Misto

# アオリイカの三種盛り

 鈴木 弥平

胴体のねっとりした食感、エンペラのシャキシャキの歯応え、ゲソ特有の弾力、3つの部位すべての特徴を味わえるのがアオリイカです。胴は薄皮を掃除したら1～2日熟成させ、うま味を出して造りにします。エンペラは低温（64℃）でコンフィすることで歯ざわりよく仕上げ、ゲソはイタリアの郷土料理ポルペッティ（肉団子）をアレンジし洗練させた一品です。

## ○アオリイカの造り

材料／4人分

アオリイカ（1kg前後）の胴　1杯分

〈オリーブソース〉
黒オリーブ　6粒
にんにく　1片
E.X.V オリーブオイル　適量
アンチョビ　1枚

木の芽　1枚
トマト　1/2個

作り方

1. 胴は薄皮をきれいに掃除してキッチンペーパーで包んで1～2日冷蔵庫で寝かせる。
2. オリーブソースを作る。黒オリーブ、にんにく、オリーブオイル、アンチョビをミキサーでなめらかになるまで回す。
3. 胴に細かく切り込みを入れ、適度な大きさに切る。
4. 皿に2のオリーブソースを流し、3をのせてオリーブオイルをかける。1.5mm角に刻んだトマトと木の芽をのせる。

## ○エンペラのコンフィ

材料／4人分

アオリイカ（1kg前後）のエンペラ　1杯分
E.X.V オリーブオイル、ウイキョウ、カラスミ、ディル　各適量

作り方

1. エンペラとオリーブオイルを真空用パックに入れて真空にかけ、64℃のスチームコンベクションオーブンで90分コンフィする。
2. 皿に細切りにしたウイキョウを敷き、薄切りにした1を盛る。オリーブオイルをたらし、カラスミを削りかける。スライスしたカラスミとディルをのせる。

## ○ポルペッティ

材料／4人分

アオリイカ（1kg前後）のゲソ　1杯分
バジリコ、イタリアンパセリ、レモンの皮、塩、白胡椒、E.X.V オリーブオイル、粗挽き黒胡椒　各適量

作り方

1. ゲソは水を流しながらしごいて掃除をし、水けを拭き取る。
2. フードプロセッサーに1、バジリコ、イタリアンパセリ、レモンの皮、塩、白胡椒を入れて、ねっとりするまで回す。
3. スプーンで成形してサッと湯がき、オーブンで軽く焼く。
4. 皿に盛り付けてオリーブオイルをたらし、塩、粗挽き黒胡椒をふる。

Antipasto Misto

## 鯉の前菜盛り合わせ（テリーヌ、フリット、カルパッチョ）

chef 北村 征博

　鯉はイタリアでも、内陸部のガルダ湖の辺りなどで食べられています。身はもちろんのこと、内臓からウロコまで美味しく、捨てるところが無いほどです。川魚ということもあり、日本では泥臭いイメージがあり、和食でも味噌煮にすることが多いのですが、長野・佐久地方の鯉は臭みがほとんど無く、気に入って使っています。骨の無い部位はカルパッチョに、小骨のある部位はフリットに、ゼラチン質の多いアラはテリーヌにと、鯉の身の特徴を活かした3種を盛り合わせました。

A

B

内臓が入っていた部分は、腹骨をすき取ると、他に骨は入っていないので、鯉でカルパッチョにする場合には、この部分を使う。

C

背の部分には、身に骨が入っている。しかも曲がっていたり枝分かれしていたりと、他の魚には見られない骨が入っているので、必ず骨切りする必要がある。

D

身を薄く削ぐような感覚で、骨切りをする。フリットにするので、骨切りをしておけば歯にはあたらない。

E

鯉はゼラチン質が多い魚なので、アラは捨てずに煮ると、テリーヌとして前菜の一品にできる。ウロコは、油で揚げると煎餅のようなパリパリの食感のおつまみになる。

○カルパッチョ

材料／1人分

鯉の腹の身　20g
コラトゥーラ・ディ・アリーチ　2cc
E.X.V. オリーブオイル　適量

作り方

1　鯉は頭を落として内臓を出し、水洗いして三枚におろし、腹骨をすき取り、皮をひく。アラや内臓、皮は残しておく。
2　腹骨をすき取った部分は骨が入っていないので、ここを切り取ってカルパッチョに使う。［写A］
3　薄くスライスし、コラトゥーラをふりかけ5分ほど置いておく。［写B］器に盛り付けたら、仕上げにオリーブオイルをふる。

○フリット

材料／1人分

鯉の背の身　30g
セモリナ粉　少々
炭酸水　少々
揚げ油　適量
塩　適量

作り方

1　背の部分には骨があるので、骨切りが必用。［写C］
2　骨切りをしながら3切れにカットする。セモリナ粉をまぶす。［写D］
3　炭酸水とセモリナ粉でゆるい揚げ衣を作り、2をくぐらせて油で揚げる。
4　油をきったら、塩で味付けする。

○テリーヌ

材料／8人分

鯉のアラ（頭、内臓、骨）　1尾分
白ワイン　200cc
塩　少々

付け合せ（1人分）
香草ミックス（ディル、チャイブ、
　セルフィーユ）　一つまみ
レモン汁　3滴

作り方

1　鯉のアラは、水、白ワイン、塩とともに鍋に入れ、アクを取りながら2時間煮る。［写E］
2　鍋から取り出して身をほぐし、内臓をカットする。骨は取り除く。煮汁は残しておく。
3　テリーヌ型に2の身と内臓を詰め、2で残しておいた煮汁を流し入れ、冷蔵庫で冷やし固める。
4　テリーヌはカットして盛り付け、香草を添え、レモン汁を絞る。フリット、カルパッチョを盛り合わせる。

魚介料理の味を高める注目食材

# 調味料

　魚介料理は、四季それぞれで魅力が変化する旬の魚介の持ち味を、どう楽しませるかが料理の魅力。鮮度の高い魚介が安定して手に入る日本では、「生で」「塩で」が一般的だが、イタリア料理としては、それだけでは限界がある。
　日本と同様に、古くから魚介を食べてきたイタリアの沿岸部には、その持ち味を活かすためのイタリア独自の"調味料"や、その地域ならではの相性の良い食材がある。そうした素材が、日本にも入ってくるようになった。しかも伝統的なものに加え、新しいものも登場している。
　例えばガルムやコラトゥーラなどの伝統的な魚醤は、それを使うことでイタリア料理らしい一品に仕上がりながらも、日本人にもどこか懐かしい風味を添えることができる。アンチョビも塩けを足す素材として用いると、単に塩を加えたものとは異なる、熟成感のある味わいに仕上がる。
　ここでは、そうした魚介料理の味わいをさらに高めるための"調味料"やソース素材を紹介する。

### モンテベッロ
### アッラ・ガルム

カタクチイワシと塩を交互に重ねて熟成させた魚醤で、古代ローマ時代に使われていた調味料。ローマ滅亡とともに歴史から姿を消し、現在は南イタリアのごく限られた地域でしか作られていないガルムを、日本で再現したもの。【取扱先】モンテ物産株式会社

### デルフィーノ
### コラトゥーラ・ディ・アリーチ

カンパニア州チェターラで作られている魚醤。新鮮なカタクチイワシの頭と内臓を取って樽に詰め、5ヶ月間塩蔵・熟成をしたのち、丁寧に圧縮・ろ過をして不純物を取り除いた。少量を使うだけで、上品な味わいが楽しめる。【取扱先】株式会社マイスタヴェルク

### モンテベッロ
### ジェノベーゼ・ペースト

国産フレッシュバジル、イタリア産のグラナ・パダーノとオリーブオイルから作ったペースト。非加熱なのでバジルの風味と色が損なわれていない。魚介類との相性は非常に良いだけでなく、さまざまな料理に使える。【取扱先】モンテ物産株式会社

### デ・ロベルト
### サルデッラ風しらすの唐辛子漬け

カラブリアの伝統的な発酵調味料。シラウオ、塩、唐辛子を漬け込んで熟成・発酵させたもので、辛みはあるものの、シラウオの熟成されたうま味があり、用いる魚介の個性を邪魔せず引き立てる。パスタにも合う。【取扱先】モンテ物産株式会社

### ヴァチカン
### アンチョビ・ペースト

右記バリストレーリ・ジローラモ社が作る、業務用のアンチョビペースト。熟成させたアンチョビを用い、ハーブ類や添加物は使わずペースト状にしたもの。イワシのうま味とコクが詰まっており、調味料としても使いやすい。【取扱先】モンテ物産株式会社

### ヴァチカン
### アンチョビフィレ・オリーブオイル漬け

パレルモ近郊の小さな港町アスプラで、アンチョビ加工会社として知られるバリストレーリ・ジローラモ社の製品。塩漬けアンチョビの皮と中骨を除いてフィレにし、手作業でビン詰めし、オリーブオイルに漬け込んだ。【取扱先】モンテ物産株式会社

### ソサルト
### フレーバーシーソルト
### （魚料理用）

シチリア島の西に位置し、塩づくりでも知られる町・トラパニ産のフレーバーソルト。天然海塩にローズマリー、ポワローねぎ、ローリエなど、計9種類の香辛料を加えたもので、魚料理の仕上げや隠し味として最適。【取扱先】モンテ物産株式会社

### モンテベッロ
### ダッテリーニトマト

近年、注目されているダッテリーニは、南イタリア産の小さなナツメヤシ型のトマト。それにちなんで名づけられたこのトマトは、濃厚な甘みと穏やかな酸味が特徴で、シンプルなソースにしても魚介類と相性の良い素材。【取扱先】モンテ物産株式会社

モンテ物産株式会社　Tel. 0120-348-566　HP ／ http://www.montebussan.co.jp
株式会社マイスタヴェルク　Tel. 03-6738-8993　HP ／ http://www.meisterwerk.jp/

# PRIMO PIATTO

> Pasta lunga

# ボッタルガのスパゲッティ

chef 今井 寿

サルデーニャ特産のボッタルガは、日本のカラスミと同様にボラの卵巣を使ったもののほか、マグロやメカジキの卵巣を使ったものもあります。すりおろして魚料理やパスタにかけるなど、"脇役"的な使い方多い素材です。そこで逆に、ボッタルガを"主役"にしたパスタを作りました。ただしボッタルガだけでは味が少し頼りないので、白身魚とアサリのうま味をパスタに染み込ませ、ボッタルガはスライスしてパスタの上に飾ります。

### 材料／1人分

- 好みの白身魚（小角切り）　80g
- ボッタルガ　適量
- スパゲッティーニ　80g
- にんにく（みじん切り）　1片分
- オリーブオイル　適量
- ペペロンチーノ・ピッコロ　1個
- 白ワイン　60cc
- アサリのブロード　60cc
- イタリアンパセリ（みじん切り）　適量

### 作り方

1. ボッタルガは黄金色から琥珀色のものを使う。薄皮をはぎ、スライスする。
2. スパゲッティーニは、塩分濃度1%のお湯で茹でる。
3. ソースを作る。フライパンでオリーブオイルとにんにくを香りが出るまで炒め、ペペロンチーノ・ピッコロを入れて軽く炒めたら、白身魚を加えて炒め、白ワインを注いでアルコール分を飛ばし、ブロードを加えて軽く煮詰めソースとする。
4. 2のスパゲッティーニがアルデンテになったら、水けをきって3に入れ、あおってパスタにソースをからめる。
5. 火から下ろしてオリーブオイルをかけ、フライパンをあおりながら混ぜて乳化させる。
6. 器に盛り、1のボッタルガをのせる。イタリアンパセリをちらし、オリーブオイルをかける。

Pasta lunga

# スパゲッティ　イカ墨のソース

 chef　岡村 光晃

イカ墨のパスタは、ベネツィアが発祥の地といわれていますが、シチリアとする説もあります。それは、シチリアの人々は昔から食材を無駄なく使うため、墨を使うこの料理が生まれたとされているためです。イカ墨のソースは、墨袋だけでなく、肝も一緒に煮込むことでコクが生まれます。リゾットにもおすすめのソースです。

材料／1人分

スパゲッティ（1.9mm）　80g
イタリアンパセリ（粗みじん切り）　適量

〈墨イカのソース〉
墨イカ　3杯
玉ねぎ（みじん切り）　1/2個分
にんにく（みじん切り）　※片分
アンチョビ　5g
トマトソース　5g
白ワイン　適量
E.X.V. オリーブオイル　適量
塩・胡椒　各適量

作り方

1　墨イカをさばく。墨イカは甲羅の部分の皮に縦に包丁を入れて開き、甲羅を取り出し、墨袋を破かないよう、ゲソと内臓を引き出す。胴の部分はエンペラごと皮をむき、薄皮をはぐ。ゲソはクチバシと目を取り除く。内臓は、肝と墨袋を取っておく。

2　1のイカは、5mm角にカットする。1の肝は塩をして水分を浮かせ、塩を洗い流す。

3　イカ墨のソースを作る。鍋にオリーブオイルを入れ、玉ねぎとにんにくを入れて炒め、2のイカの肝とイカ墨、アンチョビを加えて炒め合わせる。

4　3にトマトソース、2のカットしたイカ、白ワインを入れて約60分煮込み、ソースとする。

5　塩分濃度1%の湯で、スパゲッティを茹でる。

6　4のソースは鍋に取って温め、アルデンテに茹で上がった5のスパゲッティを水けをきって加え、手早く和える。

7　器に盛って、イタリアンパセリをちらす。

Pasta lunga

## ウニとタラコのクリームスパゲッティ 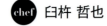 臼杵 哲也

南イタリア生まれのウニのパスタに、日本生まれのタラコのパスタ。人気の高いパスタ同士を組み合わせた料理で、20年前から作って評判を得ている料理です。黄色いウニに赤いタラコを加えることで、色鮮やかなオレンジ色に仕上がる点も魅力の一つ。仕上げをとろっとさせるため、少量の生クリームを加えます。味わいが濃厚なので、パスタは乾麺で80gで充分です。

### 材料／1人分

生ウニ　50g
タラコ（皮・スジを外してほぐしたもの）
　50g
無塩バター　50g
生ウニ（飾り用）　適量
生クリーム　30cc
塩　適量
スパゲッティ（1.7mm）　80g
香草のブーケ　適量

### 作り方

1　生ウニは裏漉しにかける。
2　ボールにやわらかくしたバター、1のウニ、タラコを入れ、よく混ぜ合わせておく。
3　1％分の塩を入れた湯で、スパゲッティを茹でる。
4　アルデンテに茹ったら、ザルにあげて水けをきり、ソテーパンに入れる。
5　2のソースを入れ、弱火で混ぜながらパスタにからめ、生クリームを加える。
6　塩で味を調えたら、器に盛り、ウニを飾る。香草のブーケを添える。

Pasta lunga

# スパゲッティ　ワタリガニのラグー

 鈴木 弥平

ワタリガニは脚の付け根の肉が美味しく、カニミソ、メスの卵（内子）も味が良いことで知られています。ソースには生クリームを合わせるスタイルが多いですが、素材の風味や持ち味をより活かしたいと考え、ワタリガニの身、卵、ミソ、殻で取っただしのみを凝縮しました。見た目よりも濃厚なソースには、好相性のフレッシュハーブをたっぷり添えます。

### 材料／4人分

- ワタリガニ　1杯
- E.X.V. オリーブオイル　適量
- ブランデー、水　各適量
- 玉ねぎ（スライス）　1個分
- 塩・白胡椒　各適量
- にんにく　1片
- スパゲッティ　200g
- セルフィーユ、ディル、エストラゴン　適量

### 作り方

1. ワタリガニは、ぬめりや汚れを水で洗い流し、水けを拭き取る。
2. 鍋にオリーブオイルを熱して1を殻付きのまま炒め、ブランデーを加えて一度アルコール分を飛ばす。水を足して15分蒸す。
3. 火が入ったら取り出し、殻から身肉、卵、ミソを外す。
4. 3で残った蒸し汁と殻を鍋に入れ、ひたひたの水を加えて沸かす。沸いたら弱火にして、アクを引きながら約1時間煮てだしを取る。目安はシノワで漉して最終的に300ccになるくらいでよい。
5. 玉ねぎはスライスしてオリーブオイルでじっくり炒め、4のだしとミソ、卵を加えてソースを作る。
6. 塩分濃度2%の湯でスパゲッティを茹でる。
7. 鍋にオリーブオイルとみじん切りにしたにんにくを入れて熱し、香りが出たら5のソースと3のカニの身を加える。
8. 6がアルデンテに茹で上がったら、取り出して水けをきり、7に入れて混ぜ、水分を乳化させる。
9. 皿に盛り付けてハーブを飾る。

Pasta lunga

## イワシと松の実とレーズンの"シラクーサ風"スパゲッティ オレンジ風味

chef 和氣 弘典

シチリア島にはイワシがよく揚がる港が多くあり、特に島の南東部の町・シラクーサが有名で、イワシの料理には「シラクーサ風」の名が付けられます。店では真イワシのマリネしたものと、松の実、レーズン、を炒めてマルサラ酒で仕上げたものを常備菜的な素材として保存しておき、パンにのせたりサラダに入れたりします。青魚特有のクセが、甘酸っぱい風味でうま味に変わります。それをパスタに応用した料理です。

材料／4人分

〈イワシの常備菜〉
イワシ 4尾
塩（漬け込み用） 10g
砂糖（漬け込み用） 5g
にんにく 1片
タイム 5本
E.X.V. オリーブオイル（揚げ油用） 適量
レーズン（マルサラ酒漬け） 60g
松の実（ローストしたもの） 20g
マルサラ酒 50cc

スパゲッティ 280g
にんにく（みじん切り） 1片分
ペペロンチーノ・ピッコロ 適量
E.X.V. オリーブオイル 適量
塩 適量
オレンジの皮（すりおろし） 1/2個分
アンチョビ（低温のオーブンで乾燥させて粉状にしたもの） 適量

作り方

1　イワシは頭と内臓を取って3枚におろし、塩と砂糖を2対1で合わせたものを全体にまぶし、30分程置く。
2　鍋にイワシが浸かる程度のオリーブオイル、つぶしたにんにくとタイム2本を入れて火にかけ、1のイワシをそのまま入れて、120℃くらいの低温で揚げる。
3　別鍋にオリーブオイルを入れ、2のイワシを取り出して入れ、レーズン、松の実、残りのタイムを入れ、イワシのみをほぐすように炒める。
4　マルサラ酒を入れてアルコール分を飛ばし、水分が無くなるまで炒める。
5　1％の塩を入れた熱湯にスパゲッティを入れ、茹でる。
6　鍋にオリーブオイル、にんにく、ペペロンチーノを入れて弱火で炒め、にんにくがきつね色に色付いてきたら、5の茹で汁を入れてソースとする。
7　6に、アルデンテに茹だったスパゲッティを水けをきって入れ、からめる。4を入れて味を調え、オリーブオイルをたらし、皿に盛る。
8　オレンジの皮のすりおろしと、アンチョビのパウダーをふる。

## Pasta lunga | カッペリーニ　甘エビ

 鈴木 弥平

身がとろっとやわらかく、甘みが豊かな甘エビは、生で食べるのが美味しく、水にさらした玉ねぎと和えて冷製パスタに仕上げます。味付けはオリーブオイル、塩、黒胡椒とシンプル。頭と殻でとったうま味の濃いだしを使ったソース、甘みが強いフルーツトマト、香り高いバジリコを添えて、アクセントを付けます。ボタンエビを使っても美味しくできます。

### 材料／4人分

甘エビ　320g

玉ねぎ　40g
フルーツトマト　8個
E.X.V. オリーブオイル　適量
塩、黒胡椒　各適量
カッペリーニ　160g
甘エビの卵　適量
バジリコ　適量

〈甘エビのソース〉
E.X.V. オリーブオイル　適量
ブランデー　少々
玉ねぎ（1cm角切り）　1/4個分
セロリ（1cm角切り）　1/3個分
人参（1cm角切り）　1/4個分
水　1ℓ
シャンタナ粉（増粘安定剤）　適量

### 作り方

1. 甘エビは、頭と殻を外し、身だけにする。頭はソースと飾り用に、殻はソース用に取っておき、卵も別に取っておく。
2. 甘エビのソースを作る。フライパンにオリーブオイルを熱し、1の頭と殻を炒める。全体的に色づいてきたら、ブランデーを加えてアルコールを飛ばす。
3. 2に玉ねぎ、セロリ、人参を加えて、軽く炒める。
4. 3に水を加えて水けが少なくなるまで煮込み、エビの野菜のうま味を出し切る。
5. 4を1/3量くらいまで詰めてからミキサーに移す。シャンタナ粉を加えて回し、しっかりと乳化させソースとする。
6. 玉ねぎ40gは、みじん切りにして水にさらし、水けをよく絞る。
7. トマトは湯むきして適度な大きさに切り、オリーブオイル、塩、黒胡椒で下味をつける。
8. 塩分濃度2％の湯でカッペリーニを茹でる。
9. ボールに1の甘エビの身、6、オリーブオイルを入れ、塩、黒胡椒で味を調える。
10. 8は茹で上がったら、氷水でよく冷やし、9と和える。
11. 皿に盛り、周りに5のソースを流す。7のトマト、1の甘エビの卵、オリーブオイルをぬったバジリコを盛り付け、甘エビの頭を飾る。

Pasta lunga

# スパゲッティ グリルした牡蠣のトマトソース

chef 鈴木 弥平

牡蠣は、グリル板で一度グリルすることによってうま味を引き出します。ソースに入れてパスタと和えた時点で中まで熱が入ってちょうど良くなる程度に、強火で表面をさっとグリルするのがポイントです。この料理はベーシックなトマトソースですのでいろいろな素材と合わせやすく、加熱しても固くならない墨イカなども適しています。

## 材料／4人分

牡蠣　12個
E.X.V. オリーブオイル　適量
にんにく（みじん切り）　1片分
プチトマト　12個
トマトソース　200g
スパゲッティ　240g
塩、白胡椒　各適量
セルバチコ、バルサミコ酢（12年物）
　適量

## 作り方

1. 牡蠣は殻から外し、グリル板で強火でサッとグリルして半分に切る。
2. 鍋にオリーブオイルとにんにくを入れて火にかけ、香りが出たら湯むきしたプチトマトとトマトソースを入れて2/3量まで煮詰める。
3. 塩分濃度2%の湯でスパゲッティを茹でる。
4. 2に1を入れて和えたら、アルデンテに茹で上がったスパゲッティを水けをきって入れ、塩、白胡椒で味を調える。オリーブオイルを加えて乳化させ、皿に盛り付ける。
5. セルバチコはオリーブオイルとバルサミコ酢で和えて、4に添える。

### トマトソース

〈材料〉
玉ねぎ　1個
にんにく　1片
E.X.V. オリーブオイル　20cc
トマトホール缶（1号缶）　1缶
塩　一つまみ
バジリコ　1枝

〈作り方〉
1. 玉ねぎはみじん切りに、にんにくは半割りにする。
2. 鍋にオリーブオイルと1を入れて熱し、弱火で30〜40分、玉ねぎが甘くなるまで炒める。
3. トマトホールと塩を加え、強火にする。沸騰したら中火から弱火にし、アクを丁寧に引きながら2時間煮詰める。
4. バジリコを加えて火を止め、鍋底を氷水に当てて冷やす。粗熱が取れたら冷蔵庫で保存する。

Pasta lunga

# 真鱈白子とちぢみほうれん草の
# スパゲットーニ

 chef 北村 征博

イタリアでは使われない鱈白子を、生クリームの代わりとして使ったパスタです。鱈の白子は魚特有の風味を感じますので、甘くてアクの強い野菜を合わせることで、クリーミーさを際立たせることができます。ここでは、ちぢみほうれん草を組み合わせました。白子は新鮮なものをさっとボイルし、塩水に落とすことで白子自体に味を付けます。強めにトーストしたパン粉をふり、香ばしさもプラスします。

### 材料／1人分

鱈白子　100g
塩水（4％）　15g
アンチョビ（フィレ）　5g
E.X.V. オリーブオイル　適量
唐辛子（みじん切り）　一つまみ
ちぢみほうれん草　25g
にんにく（みじん切り）　少々
焦がしパン粉　一つまみ
スパゲットーニ　80g

### 作り方

1　白子はスジを取り、軽くボイルして4％の塩水に落とし、そのまま冷ます。
2　2％の塩を加えた湯で、スパゲットーニを茹でる。
3　鍋に小さじ1杯ほどのオリーブオイルと、唐辛子、アンチョビを入れて火にかけ、温めたら火を止めて1を入れ、鍋のアンチョビと白子の4分の1をヘラでつぶし、ほうれん草とにんにくを加える。
4　2がアルデンテになったら引き上げて水けをきり、3に入れて30秒ほど火にかけ、クリーミーに仕上げる。
5　器に盛り、焦がしパン粉をふり、オリーブオイルを回しかける。

Pasta lunga

# ハマグリと空豆のキタッラ

chef 北村 征博

ハマグリが旬の春先は、空豆も美味しい時期を迎えます。そのためか、パスタではよく用いられる組み合わせです。どちらも意外に香りに個性のある素材なので、好き嫌いははっきりと分かれるかも知れません。貝のうま味を逃がさないよう、貝を蒸したときに出る煮汁は取っておき、それで空豆のソースを作ります。豊かな香りと濃厚なうま味を楽しませます。

### 材料／1人分

ハマグリ　300g
空豆　20個
E.X.V. オリーブオイル　大さじ1
キタッラ　80g
塩　適量

### 作り方

1. 空豆は塩茹でにし、サヤから取り出して薄皮も外しておく。
2. ハマグリは少量の水とともに鍋に入れ、火にかけて蓋をする。
3. ハマグリの口が開いたら火から外し、殻から身を取り出し、鍋の煮汁に浸しておく。
4. 3のだしは、半量を取り出して1の空豆10個を入れ、ハンドミキサーでピューレにする。
5. キタッラは、1%の塩を加えた湯で茹でる。
6. 鍋に3のハマグリと煮汁、1の残りの空豆、4とオリーブオイルを入れて火にかけ、温める。
7. キタッラがアルデンテに茹だったら、6に入れて和える。
8. オリーブオイルを加えて鍋をあおり、器に盛り付ける。

Pasta lunga

# リングイネ　カモーリア風

chef 岡村 光晃

イタリア北西部、リグーリア州ジェノバの料理で、カモーリアとはジェノバのリゾート地です。ハマグリとジェノベーゼペーストの風味とのマッチングを楽しめる一皿です。ジェノベーゼペーストは、温度によって黒く変色してしまうため、仕上げる寸前に、火を消して和えることがポイント。ジェノベーゼは太目のパスタが合うため、リングイネを使用しました。

材料／1人分

リングイネ　100g
ハマグリ　100g
いんげん　5g
じゃが芋（スライス）　2～3枚
白ワイン　適量
E.X.V. オリーブオイル　適量
ペスト・ジェノヴェーゼ（下記参照）　少々

〈ペスト・ジェノヴェーゼ〉（作りやすい分量）
バジル　50～60g（葉だけにしておく）
にんにく　20g
松の実　15g
塩　3g
E.X.V. オリーブオイル　150cc
パルミジャーノ・レッジャーノ
ペコリーノ　5g
白ワイン　少々

作り方

1　ペスト・ジェノベーゼを作る。にんにく、松の実、塩、オリーブオイルをミキサーに入れて回し、バジルを2～3回に分けて入れていく。

2　チーズを入れて撹拌し、よく混ざったら白ワインを加えてさっと混ぜておく。

3　塩分濃度1%の湯で、リングイネを茹でる。茹で上がりが同じになるように、時間差を付けてじゃが芋、いんげんも入れる。

4　鍋にハマグリを入れて火にかけ、白ワインを加えて蓋をし、殻が開いたらハマグリを取り出す。煮汁はそのままにしておく。

5　4の煮汁にオリーブオイル加えて乳化させ、アルデンテに茹で上がった3のパスタと野菜を入れてを合わせる。途中で4で取り出したハマグリも加えて和える。

6　火から下ろし、2のペスト・ジェノヴェーゼを少々加えて和え、器に盛る。

Pasta lunga

# 地ハマグリのシブレット風味リングイネ チェリートマトのコンフィ添え

chef 和氣 弘典

地ハマグリを使い、それと相性の良い素材を組み合わせて、その濃厚なうま味を引き立てるパスタを作りました。ハマグリと相性の良い素材は、乳製品とねぎ。ハマグリはアーリオ・オーリオで火を通して身を取り出し、その煮汁にバターを加えてクリーミーさを出し、リングイネとからめたら、シブレットのペーストでねぎの風味を足します。貝のうま味をストレートに感じていただきたいので、トマトは別に油で蒸し焼きにして添えます。

## 材料／4人分

- 地ハマグリ　12個
- にんにく　1片
- E.X.V. オリーブオイル　適量
- 白ワイン　60cc
- リングイネ　240g
- 無塩バター　50g
- 塩　適量
- シブレット（飾り用）　適量

〈シブレットのソース〉
- シブレット　1束（50g）
- にんにく　1/2片
- ヒマワリ油　50cc
- 塩　少々

〈チェリートマトのコンフィ〉
- チェリートマト　12個
- にんにく　1片
- E.X.V. オリーブオイル　適量
- 塩　適量

## 作り方

1. シブレットのソースを作る。ミキサーにシブレット、にんにく、ヒマワリ油、塩を入れて回し、ペースト状にしておく。
2. 鍋につぶしたにんにくとオリーブオイルを入れて火にかけ、オイルに香りを付けたら、ハマグリを入れ、白ワインを注いで蓋をし、蒸し焼きにしハマグリに火を通す。
3. 殻が開いたら火から下ろし、ハマグリの身を外しておく。煮汁は取っておく。
4. チェリートマトのコンフィを作る。別鍋につぶしたにんにくとオリーブオイルを入れて火にかけ、オイルに香りを付けたら、チェリートマトと塩を入れ、蓋をして弱火にかけ、トマトをやわらかく煮る。
5. 1%の塩を入れて沸騰させた湯でリングイネを茹でる。
6. 3で取っておいた煮汁とハマグリの身をフライパンで温める。
7. 5がアルデンテになったら、水けをきって6に加えてからめる。バターを入れてソースを乳化させて火から鍋を外し、1のペーストを入れ混ぜ合わせる。
8. 器に盛り付け、4のトマトのコンフィを添える。シブレットを飾る。

Pasta lunga

# リングイネ　ウニのソース

 chef 岡村 光晃

上質で鮮度のよいウニを、オイルソースで仕上げたパスタです。日本のウニのパスタは、風味をまろやかにするため、牛乳や生クリームを加えることが多いですが、イタリアではほぼありません。ウニの香りとコクを楽しむために、アーリオ・オーリオソースでシンプルに提供します。コクのあるソースなので、太めのパスタのリングイネを合わせました。

### 材料／1人分

- リングイネ　80g
- ウニ　5g
- にんにく　2片
- E.X.V. オリーブオイル　適量
- ウニ（飾り用）　適量
- イタリアンパセリ（粗みじん切り）　適量

### 作り方

1. 鍋につぶしたにんにくとオリーブオイルを入れて火にかける。
2. 香りを立たせたら、ウニを入れてペースト状にする。
3. 塩分濃度1％の湯で、リングイネを茹でる。
4. 2に、アルデンテに茹で上がったリングイネを水けをきって入れ、手早く混ぜて器に盛り付ける。
5. 飾りのウニをのせ、イタリアンパセリをちらす。

Pasta lunga

## 地タコとリングイネのプッタネスカ

chef 臼杵 哲也

唐辛子の刺激とタコのうま味で、夏場などは特に人気の高いパスタです。この調理では、ホールトマトで地ダコを煮込んで、ソースにしておいたものを使う手法にしました。ちょっとした違いですが、トマトソースで仕上げるよりは、オーダーが入ってからの調理時間が短く、作業性が良い上に、タコのうま味がソースに入り、美味しく仕上がります。

### 材料／1人分

- リングイネ　80g
- にんにく　1/2片
- アンチョビフィレ　1枚
- ケッパー　10g
- 黒オリーブ　5粒
- オレガノ　少々
- 地ダコのソース（下記参照）　90cc
- イタリアンパセリ　適量

〈地ダコのソース〉約10人分
- 地ダコ　1kg
- 白ワイン　180cc
- トマトホール　600g
- にんにく　2片
- ペペロンチーノ・ピッコロ　3個
- E.X.V. オリーブオイル　適量
- 塩・胡椒　各適量

### 作り方

1. 地ダコのソースを作る。タコはボールに入れ、たっぷりの塩を加えてしっかりともみ、汚れ・ぬめりを落とし、流水で洗い流す。
2. 1のタコは頭を切り取り、足を1本ずつに切り分け、油を熱したフライパンで軽くソテーする。
3. 鍋にスライスしたにんにくとオリーブオイルを入れて火にかけ、にんにくが色付いてきたら、2のタコとペペロンチーノ・ピッコロを加え、白ワインを注ぎ、アルコール分を飛ばす。
4. つぶしたトマトを加え、タコがやわらかくなるまで煮て、塩・胡椒で味を調える。
5. 1％分の塩を加えた湯で、リングイネを茹でる。
6. ソテーパンににんにくとオリーブオイルを入れて火にかけ、にんにくの香りが出たら、にんにくを取り出す。
7. アンチョビを加えて軽く炒めてから、ケッパー、黒オリーブ、オレガノを加え、パスタの茹で汁を少々加える。
8. 4のタコはひと口大に切り分けて7に加え、4のソース90ccを加える。
9. 5のリングイネがアルデンテになったら、水けをきって8に加え、ソースをからめる。器に盛り付けて、イタリアンパセリをちらす。

Pasta lunga

# リングイネ　墨イカと乾燥トマト

chef 鈴木 弥平

プーリア地方の伝統的郷土料理「ドライトマトとブロッコリーのオレキエッテ」を頭に描きながら、イカを使ったら、と発想した一皿です。トマトは生では酸味が勝ってイカの持ち味が抑えられてしまいますが、ドライならばイカの持ち味と白さが活き、グルタミン酸が多いためうま味も豊かです。スミイカは墨袋が大きいので、破らないように注意深く取り除きます。

### 材料／4人分

リングイネ　200g
墨イカ　300g前後のもの2杯
にんにく（みじん切り）　1片分
E.X.V. オリーブオイル　適量
ブロッコリー　適量
乾燥トマト（細切り）　4枚
塩　適量

### 作り方

1　墨イカは、胴からゲソをぬき、内臓部分を外す。このときに墨袋を破らないようにする。胴は甲羅と薄皮を取り除き、切り込みを入れて、細切りにしておく。
2　ブロッコリーは、下茹でして適度な大きさに切り分ける。
3　にんにくとオリーブオイルを鍋に入れ、火にかける。1の墨イカの身、2のブロッコリー、乾燥トマトを入れて火を通す。
4　3と同時進行で、塩分濃度2％の湯でリングイネを茹でる。
5　4がアルデンテに茹で上がったら、水けをきって3に入れ、オリーブオイルを加えて乳化させ、塩で味を調える。
6　1の墨イカのゲソは、網にのせて直火で炙り、5とともに皿に盛り付ける。

Pasta lunga

# トラフグ白子と辛いフレッシュトマトソースのリングイネ

chef 北村 征博

トラフグの白子には濃厚なクリーミーさがあり、しかも魚特有のクセを感じさせません。そこで、純粋にそのクリーミーさをパスタで楽しませようと考えたのが、この料理です。白子はさっとボイルして表面をコーティングし、強い塩水に落として味を入れます。量をたくさん食べると飽きが来ますので、フレッシュトマトのソースには唐辛子の辛みを少しきかせました。

### 材料／1人分

- トラフグ白子　100g
- 4%の塩水　15g
- フレッシュトマト　中1個
- 唐辛子（みじん切り）　一つまみ
- E.X.V. オリーブオイル　小さじ1
- にんにく（みじん切り）　少々
- リングイネ　80g

### 作り方

1. 白子はスジを取り、軽くボイルして4%の塩水に落として冷ます。
2. リングイネは、2%の塩をした湯で茹でる。
3. 鍋にオリーブオイルと唐辛子を入れて火にかけ、香りが出てきたらトマトを加え、5分ほど煮たら、にんにくと1の白子を6カットして入れる。
4. 2がアルデンテに茹だったら、引き上げて水けをきり、3に加えて和える。
5. 器に盛り付ける。

Pasta lunga

# スカンピのリングイネ

chef 今井 寿

エビやカニとリングイネは、定番の組み合わせ。そこで盛り付けの変化でインパクトを出しました。スカンピはオーブンで香ばしく焼き上げ、パスタは別にトマト味で仕上げ、エビを添えるように盛り付けました。この手法だと小サイズのエビを使えて数多く盛ることができ、見た目にも豪華な印象になりますし、エビの香ばしい風味をストレートに感じさせることができます。パスタはトマトソースではなく、甘みの強いポモドリーニのみを使いました。

### 材料／1人分

手長エビ　小7尾
リングイネ　70g
トマト（ポモドリーニ）　50g
にんにく　2片
塩・胡椒　各適量
E.X.V. オリーブオイル　適量
パセリ（みじん切り）　適量
セルフィーユ　適量

### 作り方

1. 手長エビは半割りにし、殻を下にしてパイ皿に並べ、塩・胡椒とオリーブオイルをふってオーブンで火を通す。
2. リングイネは、1％量の塩をしたお湯に入れて茹でる。
3. ソースを作る。フライパンにオリーブオイルとつぶしたにんにくを入れて火にかけ、香りが出てきたら、にんにくは取り出す。
4. ポモドリーニは手で潰し、3に入れ、軽く塩をして煮る。
5. 2が茹で上がったら、水けをきって4に入れてソースと和え、パセリをふる。仕上げにオリーブオイルをかけ、フライパンをあおって混ぜ、乳化させる。
6. 器に5を盛り、1のエビを添える。パセリをかけ、オリーブオイルをふる。セルフィーユを飾る。

Pasta lunga

# タリオリーニ　カツオ藁の香り　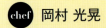岡村 光晃

　稲わらで丹念に燻したカツオの切り身を、贅沢にのせたパスタです。しっかり燻すことで、カツオが燻製のような風味を持ち、生ハムをのせたような感覚になります。藁焼きは、カツオのいわゆる"鉄臭さ"を取って風味をプラスし、うま味を凝縮させるためです。藁焼きしたカツオの風味をストレートに活かすために、アーリオ・オーリオをからめたパスタをシンプルに合わせました。

材料／1人分

タリオリーニ　80g
カツオ（藁でいぶしたもの）　3〜4切れ
にんにく（みじん切り）　適量
E.X.V. オリーブオイル　適量
塩・胡椒　適量
シブレット　適量

作り方

1　カツオは頭を落として内臓を抜き、三枚におろす。腹骨をすき取り、身は背と腹に切り分ける。
2　皮目を下にして焼き網にのせ、藁でいぶす。［写A、B］
3　皮目に焼き色が付いたら、裏返して身のほうも焼き、煙でいぶして仕上げる。［写C、D、E］
4　3のカツオは少し休ませてから、1cmくらいの厚さに切る。
5　塩分濃度1%の湯で、タリオリーニを茹でる。
6　鍋にオリーブオイルとにんにくを入れて熱し、香りが出たら5のパスタの茹で汁を加え、アルデンテに茹で上がったタリオリーニを加えて手早くあおって混ぜる。塩・胡椒で味を調える。
7　パスタを器に盛り、4をのせ、刻んだシブレットをちらす。

A

稲藁を準備し、火をつけてカツオを皮目から焼いていく。まず色がつく程度に焼く。

C

皮目に焼き色がついたら裏返して、身を下にして同様に火であぶる。稲藁を足しながら、皮目と身の側とを交互に燻していく。

E

煙でヤニをつけるような感覚で、皮目、身側それぞれに飴色のヤニが付いたら少しやすませて香りをなじませる。

B

火が落ちて煙がたってきたら、煙で燻し、稲藁を足して火が上がったら再び焼く。

D

表面全体が、写真の程度火であぶれたら、火であぶらずに、稲藁を足しながらじっくりと煙でいぶしていく。稲藁は煙の様子を見ながら、一掴みずつ足していくと煙が安定する。

Pasta lunga

# カメノテのタリオリーニ

chef 北村 征博

ヨーロッパでカメノテの料理で有名なのは、スペイン・ガリシア地方。ペルセベスと呼ばれ、高級食材として扱われています。見た目にはグロテスクですが、身はあっさりと上品な味わいで、いいだしが出ますので、パスタに使って評判を得ています。調理のポイントは、だしの取り方です。茹でて外した殻から美味しいだしが出ますので、殻は捨てずに使い切ることです。ほんのりとした苦みに、ルッコラの風味と苦みがよくマッチします。

材料／1人分

カメノテ　200g
ルーコラ　10g
E.X.V. オリーブオイル　大さじ2
タリオリーニ（下記参照）　80g

〈タリオリーニ〉約7人分
強力粉　375g
卵　1個
水　110cc
E.X.V. オリーブオイル　少々
塩　少々

作り方

1　タリオリーニを作る。材料を全て混ぜ合わせてよく練り、丸めて乾燥しないようラップなどをかけ、半日休ませる。
2　休ませた1の生地は、パスタマシンなどで1mm程度に薄くのばし、庖丁でカットする。
3　カメノテは、少量の水とともに鍋に入れ、蓋をして火にかけ、蒸し焼きにする。
4　火が通ったらザルにあけ、身を取り出す。「手」の部分を持って「腕」の部分の皮をむき、ピンク色の身を取り出す。「手」を取ると内臓が付いてくるので、取り除いて身だけにする。皮と内臓は残しておく。
5　4で残しておいた皮と内臓は、水とともに鍋に入れて火にかけ、30分ほど煮て網で漉し、だしを取る。4の身をだしに浸けて冷ます。
6　5のだしとオリーブオイルをフライパンに入れて火にかけ温める。
7　1のタリオリーニは1％の塩をした湯に入れて茹でる。
8　7のタリオリーニが浮いてきたら、水けをきって6に加え、さらにルーコラをカットしたものと、5の身も加える。

`Pasta lunga`

# タリオリーニ　空豆とアサリ

 chef　鈴木 弥平

アサリの旬の春には、同じく出盛り期の空豆を取り合わせます。アサリの蒸し汁で空豆を炊き、ピューレ状のソースにします。空豆のホクホクした食感が感じられるように、半量程度は形を残して潰し、蒸し汁だけでは塩分が強いため白ワインで調整します。ソースの水分量を調整するためには昆布水を活用しています。昆布に含まれるうま味成分グルタミン酸は魚に含まれるイノシン酸と組み合わせることで、うま味が飛躍的に高まるからです。

## 材料／4人分

空豆　500g
アサリ　1kg
白ワイン、水　各適量
エシャロット（薄切り）　適量
バター　適量
E.X.V. オリーブオイル　適量
タリオリーニ　200g
昆布水※　適量
塩　適量
カラスミ　適量

〈昆布水〉仕込み量
水　1ℓ
だし昆布　15～20g

## 作り方

1. 昆布水を用意する。固く絞った布巾で昆布の表面を軽く拭く。
2. 容器に水と昆布を入れ、最低3時間浸け込んだら昆布を取り出す。保存する場合は冷蔵庫に入れ、ソースなどの濃度の調整に利用する。
3. 空豆は、皮をむいて下茹でしておく。
4. アサリは白ワインと水で蒸して身を外し、蒸した汁は取っておく。
5. 鍋に薄切りにしたエシャロット、バター、オリーブオイルを入れて熱し、エシャロットに火が通ったら3の空豆を加えて約半量をスパチュラで潰す。
6. 塩分濃度2％の湯でタリオリーニを茹でる。
7. 5に4のアサリの蒸し汁を加えて混ぜ、潰した空豆をピューレ状にする。半量～1/3量くらいまでは形を残しておく。
8. タリオリーニがアルデンテに茹で上がったら、水けをきって7に加え、1の昆布水と塩で味を調える。
9. 4のアサリの身を加えて混ぜ、オリーブオイルを加えて乳化させる。
10. 皿に盛り付け、カラスミを削りかける。

### Pasta lunga

# イカ墨のタリオリーニ ムール貝のソース

chef 鈴木 弥平

ムール貝の火入れのポイントは、白ワインと水で煮て口を開けたら、そのまま煮汁ごと漬け込んでおくこと。こうすると身が縮まず、汁が身に戻ってふっくらと仕上がります。またムール貝のやわらかい味わいを消さないよう、オリーブオイルににんにくの香りが移った時点でにんにくを取り出してから炒めます。タリオリーニのイカ墨の塩味とコクが、好相性です。

**材料／4人分**

ムール貝　400g
白ワイン、水　各適量
E.X.V オリーブオイル　適量
にんにく　1片
エシャロット　40g
塩、黒胡椒　各適量
イタリアンパセリ　適量

〈パスタ生地〉
卵　2個
イカ墨　12g
強力粉　200g
E.X.V. オリーブオイル　10g

**作り方**

1　タリオリーニを作る。卵とイカ墨は、よく混ぜ合わせておく。
2　ボールに強力粉、1、オリーブオイルを入れ、指先で馴染ませるように合わせる。馴染んでひとまとまりになったら軽くこね、乾燥しないよう冷蔵庫で約1時間休ませる。
3　2はパスタマシンでのばし、幅3mmにカットし、タリオリーニとする。
4　鍋にムール貝、白ワイン、水を入れて炊き、ムール貝の口を開ける。火を止めてそのまま汁ごと漬け込んでおく。
5　別鍋にオリーブオイルと潰したにんにくを入れて熱し、香りが出てきたらにんにくを取り除き、スライスしたエシャロットを入れて炒める。
6　塩分濃度2％の湯で、3のタリオリーニを茹でる。
7　5の鍋に4のムール貝を加え、6のタリオリーニが浮いてきたら引き上げて水けをきって入れ、軽く混ぜ合わせ、オリーブオイルを加えて乳化させる。イタリアンパセリを入れる。
8　皿に盛り付け、黒胡椒をふる。

Pasta lunga

# フェトチーネ　ムール貝、アサリ、シチリア風

chef 岡村 光晃

シチリアは魚介と同じくらい柑橘類も豊富。中でも特産品のオレンジは、魚介のうま味を引き立てる素材として相性の良い組み合わせです。ムール貝とアサリのアーリオ・オーリオベースにオレンジ果汁で風味を加え、パスタと和え、オレンジの皮のすりおろしをちらします。オレンジは、シチリア特産のブラッドオレンジを使用すると、より香りが立ちます。

## 材料／1人分

フェトチーネ　120g
ムール貝　100g
アサリ　50g
オレンジの皮　5g
オレンジ果汁　5cc
生クリーム　5cc
にんにく　適量
E.X.V. オリーブオイル　適量
イタリアンパセリ（みじん切り）　適量
トマトソース　適量

## 作り方

1. ムール貝とアサリは、鍋に入れて水少々を加え、蓋をして加熱し口が開いたら取り出しておく。煮汁は取っておく。
2. 塩分濃度1％の湯で、フェトチーネを茹でる。
3. 鍋に1の煮汁を漉し入れ、オレンジ果汁、トマトソースを入れて火にかけ、温まったらオリーブオイルを入れて乳化させ、生クリームを加えてソースとする。
4. 2のフェトチーネがアルデンテに茹で上がったら、水けをきって3のソースに加え、1で取り出した貝類も加えて和える。
5. 器に盛り、仕上げにすりおろしたオレンジの皮、イタリアンパセリをふる。

Pasta lunga

## タリオリーニ 白子とカラスミ 京ねぎのソース

chef 鈴木 弥平

白子は、新鮮なものを使うのが大前提です。独特のクリーミーさを活かすため、火入れは軽くします。ソースは白子の食感を引き立てるため、とろみのある京ねぎを合わせます。下仁田ねぎでもいいでしょう。塩でダイレクトに付けるよりも、カラスミ、生ハムなどの塩蔵品を使うと丸みのある塩味とうま味を持たせられるため、ここでもカラスミを使いました。

材料／4人分

真鱈の白子　200g
E.X.V. オリーブオイル　適量
にんにく　1片
アンチョビ　2枚
京ねぎ　1本
昆布水（103ページ参照）　適量
タリオリーニ　200g
塩、白胡椒　各適量
カラスミ　適量

作り方

1. 白子は、薄い膜や血管を取り除き、適度な大きさに切る。
2. 鍋にオリーブオイルとにんにくを入れ、潰しながら火にかける。香りが出たらアンチョビを加える。
3. 京ねぎはやわらかくなるまで塩茹でして約1cm長さに切って2に加え、昆布水を加えて煮る。
4. 塩分濃度2％の湯でタリオリーニを茹でる。
5. 3に1の白子を入れて軽く火を通したら、アルデンテに茹で上がったタリオリーニを水けをきって加え、和える。
6. 塩、胡椒で味を調えたら、オリーブオイルを加えて水分を乳化させる。
7. 皿に盛り付け、カラスミを削りかけ、薄切りのカラスミを添える。

Pasta lunga

# タリアテッレ スカンピとポルチーニ茸のソース

chef 鈴木 弥平

アカザエビは、肉質がやわらかく甘みが強いのが特徴です。この素材は、香りが高く肉厚で実が締まっていて食感が良いポルチーニ茸とは最適の取り合わせです。ここでは生クリームで和えて、ソースにします。塩味は塩そのものは控え、代わりに発酵食品のパルミジャーノと塩蔵物の生ハムのみじん切りを加えて、まろやかな塩味とコクを作り出します。

## 材料／4人分

- アカザエビ　4尾
- E.X..V オリーブオイル　適量
- エシャロット（みじん切り）　40g
- ポルチーニ茸（生）　4本
- タリアテッレ　200g
- 生クリーム　400cc
- パルミジャーノ・レッジャーノ　適量
- 生ハム（みじん切り）　1枚
- 塩　適量
- セルフィーユ　適量

## 作り方

1. アカザエビは、頭と殻を取って身だけにし、半身に切る。
2. 鍋にオリーブオイルとエシャロットを入れ、軽く火を入れる。
3. 香りが出たら、縦にスライスしたポルチーニ茸を加えて、色が付くまで炒める。
4. 塩分濃度2％の湯でタリアテッレを茹でる。
5. 3の鍋に1のエビを入れ、生クリームを加えて煮詰める。
6. 4がアルデンテに茹で上がったら、水けをきって5に入れ、パルミジャーノ、生ハムを加えて塩で味を調える。
7. 皿に盛り付け、セルフィーユを飾る。

`Pasta lunga`

# ブカティーニのシチリア風イワシのオイル煮添え

イワシやフィノッキオを用いる、典型的なシチリアのパスタです。イワシはソテーしてソースに混ぜ込んでしまうことが多いのですが、コンフィでオイルサーディンにしてパスタの上に盛れば、イワシの存在感のあるインパクトの高い一品に仕上がります。コンフィはコンベクションオーブンなら、油とともにバットに入れておけばできるので便利です。

 臼杵 哲也

### 材料／2人分
- ブカティーニ　70g
- にんにく　1片
- アンチョビフィレ　1枚
- ペペロンチーノ・ピッコロ　1個
- プチトマト　3個
- フィノッキオ　20g
- 松の実　5g
- E.X.V. オリーブオイル　適量
- 塩・胡椒　各適量

〈イワシのオイル煮〉（作りやすい分量）
- 小イワシ　1kg
- ●漬け込み液
- 水　1ℓ
- 塩　30g
- 上白糖　15g
- にんにく（スライス）　20g
- 粗挽き黒胡椒　3g
- ローリエ　1枚
- ヒマワリ油　適量

〈フィノッキオ風味のパン粉〉
- フィノッキオの葉　適量
- 生パン粉　60g
- E.X.V. オリーブオイル　25g

### 作り方

1. イワシのオイル煮を作る。イワシは頭と内臓を取り、きれいに水洗いし、ヒマワリ油を除く材料を合わせた漬け込み液に一晩漬け込む。
2. 翌日、イワシとローリエを取り出す。水けを拭き取り、ローリエを下にしてイワシを鍋に並べる。
3. 2の鍋に、イワシが浸かるくらいまでヒマワリ油を入れ、弱火にかけて80℃くらいを保ち、2時間ほど、イワシがやわらかくなるまで煮る。煮えたらそのまま冷ましておく。
4. フィノッキオ風味のパン粉を作る。材料を全てフードプロセッサーに入れてしっかりと回したら、フライパンに移して空煎りし、冷ましておく。
5. 3のイワシは、1人前で2尾取り出し、クッキングシートをしいた天板にのせ、オーブンでこんがりと焼き上げる。
6. パスタソースを作る。ソテーパンににんにくとオリーブオイルを入れ、弱火でじっくりと香りを移したら、にんにくを取り出し、ペペロンチーノ・ピッコロとアンチョビを加えて炒め、ペペロンチーノ・ピッコロを取り出して、松の実、フィノッキオ、プチトマトを加えて軽く炒める。
7. 1%量の塩を加えた湯にブカティーニを入れて茹でる。
8. アルデンテに茹で上がったら水けをきり、6のソースに加えて混ぜ、塩で味を調える。オリーブオイルを少量加えて乳化させ、器に盛り付ける。ローストした5のイワシをのせ、4のパン粉を飾る。

Pasta lunga

# ブカティーニ　イワシのソース カターニャ風

 岡村 光晃

シチリアのパスタの定番ともいえるのが、豊富に獲れるイワシのパスタ。島の東のカターニャではトマトを使うことが多く、西のパレルモではトマトは使わないことが多いのが特徴です。イワシの濃厚な風味は、太いパスタと相性が良いので、ブカティーニを使用しました。リングイネやショートパスタにも合います。仕上げには、カリカリに煎ったパン粉をちらします。

### 材料／1人分

ブカティーニ　80g

〈イワシのソース〉4人分
イワシ（三枚におろしたもの）
　3〜4尾分
松の実　5g
ウイキョウの葉　10g
レーズン　5g
玉ねぎ（みじん切り）　1/4個分
ホールトマト　50cc
サフラン　2g
にんにく（手でつぶす）　2片
E.X.V. オリーブオイル　適量

イタリアンパセリ（粗く刻む）　適量
パン粉（よく煎っておく）　適量

### 作り方

1. イワシのソースを作る。鍋にオリーブオイルとにんにくをつぶしてを入れ、香りが出たら取り出し、玉ねぎを入れてソテーする。
2. 玉ねぎがしんなりしたらイワシを入れてソテーし、残りの材料をすべて入れ、70〜80分煮込みソースとする。
3. ブカティーニは、塩分濃度1％の湯で茹でる。
4. 鍋に2のソースを入れて温めておき、3のブカティーニがアルデンテに茹で上がったら、水けをきって加え、ソースと和える。
5. 器に盛り付け、イタリアンパセリとパン粉をふりかける。

Pasta lunga

# ブカティーニ　ペスカトーラ
# 紙包み焼き　レモン風味

chef 和氣 弘典

魚介好きの日本で根強い人気のペスカトーレを、レモンの風味をきかせて紙包み焼きにしました。紙包み焼きのポイントは、最初に魚介を炒めるときに火を入れすぎないこと。紙で包んでオーブンで加熱しますので、その分を考えて早めに取り出します。レモンオイルとスライスレモンをちらし、爽やかな風味を添えます。パスタは、のびにくいブカティーニを使いました。

材料／4人分

- ブカティーニ　180g
- 有頭エビ　4尾
- 真タコ（ボイルしたもの）　100g
- むきエビ　16尾
- ムール貝　8個
- アサリ　8個
- ホタテ稚貝　12個
- ホタテ貝柱　4個
- マテ貝　4個
- ヤリイカ　100g×2杯
- チェリートマト　20個
- にんにく　1片
- 白ワイン　100cc
- E.X.V. オリーブオイル　適量
- イタリアンパセリ（みじん切り）　適量
- バジル　適量
- レモン（スライス）　12枚
- 卵白　適量

作り方

1. 魚介類を下処理する。むきエビは背ワタを取る。ムール貝は洗って足糸を取る。アサリは砂ぬきをする。ホタテ稚貝はよく洗う。マテ貝は塩ぬきする。ヤリイカは内臓を取り、皮をむいて掃除をしておく。
2. 鍋につぶしたつぶしたとオリーブオイルを入れて火にかけ、弱火で炒める。
3. にんにくがきつね色になったら、エビ、タコ、ヤリイカ、ホタテ貝柱を入れて炒める。
4. 続いてムール貝、アサリ、ホタテ稚貝、マテ貝を入れ白ワインをふり、蓋をして蒸す。貝の口が開いたら、貝類は取り出しておく。
5. 魚介に火が通ったら、チェリートマトを入れ、一緒に煮詰めソースとする。
6. 1%の塩を入れた熱湯で、ブカティーニを茹でる。
7. アルデンテより一歩手前で引き上げて水けをきり、5に加えてソースとからめる。
8. 仕上げにレモンのスライス、バジル、イタリアンパセリ、オリーブオイルをふってからめる。
9. ひろげたパラフィン紙の上に、7と4で取り出した貝類を盛る。紙の周りにほぐした卵白ぬって、もう1枚のパラフィン紙を上からかぶせ、空気が逃げないように包む。
10. 190℃のオーブンに入れ、膨らんできたらオーブンから取り出し、皿に盛る。ゲストの前で紙を破り香りを楽しみながら、提供する。

### Pasta corta

# ズッパ・ディ・ペッシェ シャラテッリ ナポリ風

chef 今井 寿

シャラテッリはカンパニア州アマルフィの名物パスタ。厚めの平打ち麺で、長さが7〜8cmと短いのが特徴。厚めなので、アサリのブロードで茹でたり、この料理のようにやや固めに茹でてスープで煮込み味を入れたりします。ズッパ・ディ・ペッシェの魚介はお好みで、1種類だけでも構いません。うま味が濃く皮がしっかりとしたダッテリーニと合わせました。

### 材料／2人分

- タコの足（ボイルしたもの。小角切り） 小1本分
- ヤリイカ 1杯
- アサリ 6個
- ムール貝 6個
- エビ（小角切り） 4尾分
- 白ワイン 60cc
- アサリのだし 180cc
- ダッテリーニトマト 180g
- ブラックオリーブ（水にさらしたもの） 15g
- グリーンオリーブ（水にさらしたもの） 15g
- ケッパー（水にさらしたもの） 15g
- シャラテッリ 50g
- E.X.V.オリーブオイル 適量
- 塩・胡椒 各適量
- ガルム 少々
- パセリ（みじん切り） 適量

### 作り方

1. ヤリイカは足を抜き、肝と目、クチバシを取り除く。胴は小角切りにする。
2. 鍋にオリーブオイルを熱し、1と残りの魚介を入れて軽く炒める。白ワインを注いで蓋をし、貝の口が開いたら煮汁と魚介を別にし、魚介は保温しておく。煮汁は残しておく。
3. シャラテッリは、1％の塩をした湯で茹でる。
4. 2の煮汁の中にダッテリーニとアサリのだしを入れて煮たら、オリーブ、ケッパーとガルムを加え、アルデンテより硬めにあげた3を加えて煮込む。
5. 4のシャラテッリがアルデンテの硬さになってきたら、2で保温した魚介を加えて一度温め、塩、胡椒で味を調える。
6. 器に盛り付け、オリーブオイルを回しかけ、パセリをちらす。

Pasta corta

# スパッカテッラ
# マグロホホ肉となすのラグー

chef 岡村 光晃

マグロ漁で有名なシチリアでは、マグロのホホ肉もよく食べられています。牛ホホ肉と比べてさっぱりしていて、色々な素材と合わせやすいもの。ホホ肉はラグーにして、ある程度の大きさを残してうま味を味わっていただくようにしました。スパッカテッラは、日本では馴染みのないパスタですが、コクのあるソースと合わせやすいショートパスタです。

### 材料／1人分

スパッカテッラ　90g
米なす　50g
マグロホホ肉　100g
小麦粉　適量
玉ねぎ（みじん切り）　1/2個分
にんにく（みじん切り）　適量
ミント、アーモンド　各適量
E.X.V. オリーブオイル　適量
塩・胡椒　各適量
白ワイン　適量
ホールトマト　10g
オレガノ　5g

### 作り方

1. ラグーを作る。マグロホホ肉は、塩、胡椒をし、粉をまぶしてオリーブオイルできつね色に焼く。
2. フライパンにオリーブオイルとにんにくを入れて火にかけ、香りが出てきたら玉ねぎを加えてソテーする。玉ねぎがしんなりしたら、ホールトマト、白ワイン、1を加えて、約50分煮込み、塩、胡椒で味を調えてラグーとする。
3. なすは一口大に切って素揚げにする。
4. スパッカテッラは、塩分濃度1％の湯で茹でる。
5. 2のラグーと3をフライパンに入れて温め、アルデンテに茹で上がったスパッカテッラを加え、和える。
6. ちぎったミントと細かく砕いたアーモンドをちらして、器に盛る。

Pasta corta

# ファルファッレ エビとリコッタチーズのソース

chef 岡村 光晃

シチリア島の南東に位置する、シラクーサで出会った料理です。シラクーサは、豊富に獲れる魚介料理が美味しい場所。エビとリコッタチーズは、サラダなどでよくある組み合わせですが、パスタでもリコッタチーズのまろやかさがベースになり、エビのうま味が引き立ちます。こってりとした濃度のあるソースなので、ショートパスタのファルファッレを合わせました。

### 材料／1人分

- ファルファッレ　80g
- エビ　50g
- リコッタチーズ　30g
- パルミジャーノ・レッジャーノ　5g
- エビの茹で汁　10cc
- エシャロット　3g
- 塩・胡椒　適量
- ブランデー　適量
- バター　適量
- イタリアンパセリ（粗みじん切り）　適量

### 作り方

1. ソースを作る。鍋にバターを熱してエシャロットを炒める。香りが出てきたらエビを加えてさっと炒め、ブランデーを入れ、アルコールを飛ばしたらエビの茹で汁を入れて少々煮詰める。
2. 塩分濃度1％の湯で、ファルファッレを茹でる。
3. 1にリコッタチーズを入れて溶かし、塩、胡椒で味を調える。
4. 2のファルファッレがアルデンテに茹で上がったら、水けをきって3に入れ、ソースとからめる。仕上げにパルミジャーノを加えて混ぜ合わせる。
5. 器に盛り、イタリアンパセリをちらす。

Pasta corta

# ホタテと冬瓜のリゾーニ

chef 北村 征博

ホタテのうま味と甘みを活かし、ホタテと相性の良い冬瓜を組み合わせたパスタです。ホタテのうま味と甘みを逃がさないようにするのがポイントで、塩をして焼くのではなく軽くグリルしてから塩をし、味を浸透させました。ホタテの風味が活きるよう、調理では最後にパスタと合わせるだけ。口の中で味わいが一体化することを狙いました。パスタはお米の形をしたリゾーニです。つるんとした食感が面白く、店でもよく使います。

### 材料／1人分

ホタテ貝柱　大3個
冬瓜（1cm角切り）　40g
昆布　5g
塩　少々
リゾーニ　50g
E.X.V. オリーブオイル　大さじ1

### 作り方

1. 昆布は水を張った鍋に入れてしばらく置き、火にかける。
2. 沸騰直前で昆布を取り出し、冬瓜を入れて20分ほど煮たら、火から下ろしてそのまま冷まし、味を入れる。
3. ホタテは軽く網焼きにし、塩をして1時間ほど置く。味が馴染んだら、1個を4等分する。
4. リゾーニは、2%の塩をした湯に入れて茹でる。
5. 3のホタテ、2の冬瓜とその煮汁をフライパンに入れ、オリーブオイルを加えて火にかけ、温める。
6. リゾーニがアルデンテになったらザルにあけて水けをきり、5に加えて和える。
7. 仕上げにオリーブオイルをふって鍋をあおり、器に盛り付ける。

Pasta corta

# カーサレッチェ カジキマグロのラグー

 chef 鈴木 弥平

カジキマグロは、イタリアでも特にシチリアを代表する魚。脂肪が少なく淡白な味が特徴です。火が通ると身崩れしやすいので、表面に薄力粉をふって強火で焼き固めてから火を入れます。同じ土地の素材同士が相性が良いため、シチリアの伝統的なショートパスタ「カーサレッチェ」を合わせました。ソースがからみやすいパスタなら、種類を問いません。

材料／4人分

玉ねぎ（みじん切り）　180g
にんにく（みじん切り）　10g
タカノツメ（小口切り）　適量
E.X.V. オリーブオイル　適量
メカジキ　300g
薄力粉　適量
白ワイン　適量
トマトホール缶　350g
ケッパー　15g
アンチョビ　12g
ブラックオリーブ　40g
グリーンオリーブ　40g
オレガノ　適量
カーサレッチェ　240g
塩、白胡椒　各適量

作り方

1　鍋にオリーブオイルと玉ねぎ、にんにく、タカノツメを入れて火にかけ、ゆっくり炒める。

2　メカジキは、2cmの角切りにして薄く均一に薄力粉をまぶし、オリーブオイルで強火でソテーする。

3　周りを焼き固めたら余分な油を捨て、白ワインをふる。アルコールが飛んだら1に加える。

4　3にトマトホール缶、ケッパー、アンチョビ、オリーブ、オレガノを加えて軽く煮込み、塩、胡椒で味を調える。

5　塩分濃度2％の湯でカーサレッチェを茹でる。

6　カーサレッチェがアルデンテに茹で上がったら、引き上げで水けをきり、4に加えて和える。

7　オリーブオイルを加えて水分を乳化させ、皿に盛り付ける。

Pasta corta

## スモークサーモンとアボカドのクリーム自家製ファルファッレ

chef 今井 寿

前菜の定番・スモークサーモンは、パスタにもよく使われる素材。そこに、近年になってイタリアでも使われるようになってきたアボカドを組み合わせ、クリームソース仕立てにしました。サーモンのピンクと、アボカドの緑の彩りもきれいです。「森のバター」といわれるほど、アボカドの味わいは重めなので、パスタはファルファッレを合わせました。

### 材料／4人分

- スモークサーモン　120g
- アボカド　2個
- バター　20g
- にんにく（みじん切り）　1片分
- 生クリーム　320cc
- ブランデー　30cc
- パルミジャーノ・レッジャーノ（すりおろし）　適量

〈サフランのファルファッレ〉
- 強力粉　200g
- 薄力粉　50g
- セモリナ粉　25g
- 卵　2個
- サフラン　1つまみ
- 塩　適量
- E.X.V. オリーブオイル　適量

- パセリ（みじん切り）　適量

### 作り方

1. ファルファッレを作る。材料全てをボールで混ぜてよく練り、丸めてラップをかけ、30分～1時間寝かせる。
2. 表面がなめらかになったら麺棒で平たくのばし、パスタマシンで1.5mm厚さにのばす。2cm角にカットし、中央をつまんで蝶のような形にファルファッレを作る。
3. アボカドは皮と種を取り、1cm角にカットする。
4. ソースを作る。鍋にバターを入れて溶かし、にんにくを入れて香りが立つまで炒める。
5. 香りが出てきたらスモークサーモンを食べやすい大きさにカットして入れ、ブランデーでフランベし、生クリームを加えて軽く煮詰めソースとする。
6. ファルファッレは1％の塩をした湯で茹で、湯面に浮いてきたら取り出して水をきり、5に加える。
7. 3も加え、鍋をあおってソースをからめたら、塩、胡椒で味を調える。
8. 器に盛り付け、パセリをちらす。

Pasta corta

## 燻製ヤリイカと菜の花のストロッツァプレーティ ボッタルガ添え

chef 和氣 弘典

もっちりとしたショートパスタのストロッツァプレーティと、弾力のあるイカの食感の違いを楽しませる一品です。スモークでは、材料は事前に脱水したものを使いますが、イカは塩をしてもなかなか身に入っていかないので、塩ではなくソミュール液でマリネしたものを使います。スモーク後はパスタと同じ長さに切り揃え、ソースとパスタを和えた最後に加えることで、半生の状態に仕上げます。

### 材料／4人分

〈パスタ生地〉
"00"粉　200g
水　90cc
EXV オリーブオイル　10cc
塩　3g

ヤリイカ　100g×2杯

〈ソミュール液〉
水　2ℓ
塩　150g
グラニュー糖　50g
玉ねぎ（スライス）　100g
人参（スライス）　20g
セロリ（スライス）　50g

にんにく（みじん切り）　1片
ペペロンチーノ・ピッコロ　適量
E.X.V. オリーブオイル　適量
菜の花　16本
スモークウッド（ナラ）　適量
ボッタルガ　適量

### 作り方

1　パスタ生地を作る。"00"粉、水、オリーブオイル、塩を練り合わせ、丸めてラップをかけ、1時間ほど休ませる。

2　休ませた生地はパスタマシンにかけ、1mm厚さにのばし、1.5cm幅に切り分ける。切った生地を両手でねじりながら切り分けストロッツァプレーティの形に仕上げる。

3　ヤリイカは掃除をして皮をむきエンペラ、胴体、足に分ける。

4　ソミュール液を作る。材料を全て鍋に入れ、一度沸騰させたら冷ます。

5　3のイカは、4に入れて30分ほどマリネする。

6　5のイカを取り出して水分を拭き取り、風にあてて表面を乾かす。

7　6は冷製燻製にする。コンベクションオーブンに氷を入れたボールをのせ、その上にスモークウッドをのせ、さらにその上に6を網にのせて置き、軽くスモークする。スモークしたら短冊切りにしておく。

8　鍋ににんにく、ペペロンチーノとオリーブオイルを入れて弱火にかけ、アーリオ・オーリオ・エ・ペペロンチーノソースを作る。

9　1％の塩を入れた熱湯に、2のパスタを入れ、同じ茹で上がりになるよう時間をみて4cm長さにカットした菜の花を入れる。

10　9が茹で上がったら、取り出して水けをきり、8のソースとからめる。仕上げに7のイカを加え、味を調えて皿に盛る。ボッタルガのスライスを添え、すりおろしたボッタルガをちらす。

Pasta corta

## そば粉のスペッツレ　牡蠣とねぎのソース

chef 北村 征博

牡蠣の美味しいシーズンに作るパスタです。ソース作りでは、牡蠣の身が膨れてきたら取り出し、余熱で火を入れるのがポイント。ここではドイツ語圏のトレンティーノ＝アルト・アディジェに伝わる珍しいパスタ・スペッツレを組み合わせました。このパスタはオーストリアなどでは肉のつけ合わせにされることが多い食材で、イタリアではパスタとして楽しまれています。

材料／1人分

スペッツレ（下記参照）　80g
牡蠣　120g
雪下庄内あさつき　40g
にんにく（みじん切り）　少々
唐辛子（みじん切り）　一つまみ
E.X.V.オリーブオイル　大さじ1

〈そば粉のスペッツレ〉12人分
そば粉　250g
強力粉　250g
卵　1個
塩　5g
水　480g

作り方

1　スペッツレは、ボールで材料を全て混ぜ合わせ、2時間休ませる。
2　牡蠣は殻から出しておく。殻の中の汁も一緒にしておく。［写A］
3　鍋にオリーブオイルと牡蠣、水を入れ、火にかける。牡蠣が温まってきたら、にんにくと唐辛子を加えてさっと炒める。
4　牡蠣に火が入ったら、あさつきを加えてさっと加熱し、牡蠣に火が入り過ぎないよう取り出す。［写B］
5　スペッツレは、専用の機具（この器具もスペッツレという）を鍋にセットしてスライドさせ、塩分濃度2%の湯に落とし入れる。［写C］
6　浮いてきたら引き上げ、水けをきり、4の鍋に入れる。4で取り出した牡蠣も戻し、和える。オリーブオイルを加えて乳化させる。[写D]
7　器に盛り付ける。

A

牡蠣は殻から出したら、身から出るドリップも使う。身と一緒にしておくと牡蠣のうま味が抜けない。

B

牡蠣は香りや辛みのある野菜と相性が良い。ここでは庄内あさつきを合わせた。牡蠣の中まで熱が入って温まったら、ぷくっと膨れてくるので、そのタイミングで鍋から取り出す。

C

やわらかいスペッツレ生地を上の容器（黒い部分）に入れ、スライドさせて、下の穴の開いたおろし金のような板を通して湯に落とし入れる。

D

先にスペッツレを鍋のソースと和えてから、牡蠣を戻して全体を和え、乳化させる。牡蠣に火が入り過ぎないタイミングで盛り付ける。

Pasta corta

## カヴァテッリ　プーリア風

chef 今井 寿

三方を海に囲まれ、魚介が豊富なプーリアのパスタです。カヴァテッリの名は地元方言で「押す」という意味。その名の通り、小さき切った生地を指先などで押し潰すようにして作るのが特徴でつるっとした舌触りともちもちした食感が楽しめます。ここでは白身魚を使いましたが、イカや貝類ともよく合います。オリーブも加えてプーリアらしさもより強調します。

材料／2人分

カヴァテッリ（下記参照）　180g
白身魚（さいの目切り）　160g
にんにく（みじん切り）　2個分
ペペロンチーノ・ピッコロ　1個
プチトマト　20個
グリーンオリーブ（塩けを抜いて種を除いたもの）　8個
ケッパー（塩けを抜いたもの）　20g
E.X.V. オリーブオイル　少々
ヴェルモット酒　適量
ガルム　少々
バジルの葉　2～3枚

〈カヴァテッリ〉
セモリナ粉　120g
水　60cc（セモリナ粉の半量）
塩　少々
E.X.V. オリーブオイル　少々

作り方

1 カヴァテッリを作る。材料を全てボールに入れ、粉けがなくなるまでよくこねて丸め、ビニール袋に入れて常温で30分〜1時間ほど置く。

2 寝かせた生地は、手で細長くして端から適量をカットし、さらに台の上で転がしながら直径7mmほどの棒状にのばす。

3 細長くした生地は1cm長さくらいに切り、親指で向こう側に押しつぶすようにしてカヴァテッリを作る。テーブルナイフの背を押し当てても作れる。

4 パスタのソースを作る。にんにくとペペロンチーノ、オリーブオイルをフライパンで熱し、香りが出てきたら白身魚を加え炒め、ヴェルモットを注ぎ、アルコールを飛ばす。

5 カットしたプチトマト、オリーブ、ケッパーを加えて炒め、魚の風味を高めるために、ガルムを少量加え、ソースとする。

6 1%の塩をした熱湯に3のカヴァテッリを入れ、浮いたら取り出して水けをきり、5のソースに加えてあおる。

7 器に盛り付け、バジルの葉を飾る。

Pasta corta

# アオリイカとアスパラガスのカヴァテッリ ン・ドゥイヤをきかせて

 臼杵 哲也

プーリア産パスタのカヴァテッリと、カラブリアの調味料のン・ドゥイヤ。イタリア半島南端の東西の州の特産物と、アオリイカを組み合わせた料理です。アオリイカは、さっと火を入れる程度であまり熱を加えない程度にすると、甘みとうま味の強調され、ン・ドゥイヤの辛みをまろやかにし、よく合います。アスパラはアクセントと彩りで合わせました。

### 材料／4人分

- カヴァテッリ（下記参照）　400g
- E.X.V. オリーブオイル　少々
- にんにく　1片
- アンチョビ（フィレ）　2枚
- アオリイカ（胴の部分）　120g
- アスパラガス　8本
- 白ワイン　90cc
- トマトソース　270cc
- ン・ドゥイヤ　大さじ2
- イタリアンパセリ　適量
- 塩・胡椒　各適量
- E.X.V. オリーブオイル　適量

〈カヴァテッリ〉
- セモリナ粉　250g
- ぬるま湯　150cc
- 塩　少々

### 作り方

1. カヴァテッリを作る。ボールに材料を入れ、粉けがなくなるまでしっかりとこねる。ラップに包み、1時間くらい休ませる。
2. 生地を取り出し、直径1cmに細長くのばす。2～3cm長さにカットしたら、ナイフの先の部分を使って生地を手前に引くようにして丸みを付け、カヴァテッリとする。
3. 3のアオリイカを加えて軽く炒めたら、白ワインとン・ドゥイヤを加える。アルコール分を飛ばしたら、イカを取り出し、トマトソースを加え、軽く煮込んでおく。
4. 鍋に軽くつぶしたにんにくとオリーブオイルを入れて火にかける。
5. にんにくの香りが出てきたら、にんにくを取り出し、アンチョビを加え炒める。
6. 3のアオリイカを加えて軽く炒めたら、白ワインとン・ドゥイヤを加える。アルコール分を飛ばしたら、イカを取り出し、トマトソースを加え、軽く煮込んでおく。
7. 1%分の塩を加えた湯に、2のカヴァテッリを投入する。茹で上がる30秒ほど前に3のアスパラガスと6のイカを加える。
8. カヴァテッリとアスパラガス、イカが茹で上がったら、ザルにあげて水けをきり、6のソースに加えてからめる。塩・胡椒で味を調え、器に盛る。粗く刻んだイタリアンパセリをちらす。

Pasta corta

## 甘鯛のラサ

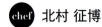 北村 征博

甘鯛はアラから美味しいだしが取れますので、パスタなどによく使います。また日本では一夜干しにして使われるように、身は水っぽいですので、塩をして水分をぬいてから使います。パスタのラサは、エミリア＝ロマーニャが発祥。「剃る」「削る」を意味するイタリア語の「ラサーレ」から付けられたパスタです。パスタ一粒一粒の大きさの違いから生まれる、他に似たものがない食感が特徴です。なおここで使っているのは、魚介専用の卵の割合を少なめにした生地です。甘鯛は長崎産の赤甘鯛です。

## 材料／1人分

甘鯛（フィレ）　60g
塩　適量
甘鯛のだし　60g
ドライチェリートマト　8個
イタリアンパセリ　一つまみ
にんにく（みじん切り）　少々
E.X.V. オリーブオイル　適量
唐辛子（みじん切り）　一つまみ
ラサ（下記参照）　80g

〈ラサ〉10人分
強力粉　500g
じゃが芋　150g
卵　1個
水　50cc

## 作り方

1　ラサの生地を用意する。じゃが芋は皮付きのまま塩茹でにし、マッシャーでつぶす。
2　1に残りの材料を加えて混ぜ合わせ、まとめてラップをかけ、半日寝かせておく。
3　甘鯛のだしを取る。甘鯛をおろしたときに出た頭と骨は取っておき、軟水を張った鍋に入れて火にかけ、アクを取りながらだしを煮出す。［写A］
4　甘鯛は軽く塩をして10分ほど置き、浮いてきた水けを拭き取って1cm角にカットする。［写B］
5　鍋に大さじ1杯のオリーブオイル、にんにくと唐辛子を入れて火にかけ、にんにくが色付いたら、4の甘鯛、ドライチェリートマト、甘鯛のだしを加え、煮立ったらイタリアンパセリを加える。［写C］
6　2はグラッターで削りおろし、塩分濃度2％の湯に入れて茹でる。［写D］
7　6が湯面に浮いてきたら網ですくって水けをきり、5に加えてからめる。オリーブオイルで仕上げ、器に盛り付ける。［写E］

A　甘鯛は軟水で煮るだけで、良いだしが取れる。アクもたくさん出るので、こまめに除く。

C　甘鯛のだしとドライチェリートマトのだし、にんにくの風味と唐辛子の辛みをソースとする。

E　ラサはすぐに火が通る。ソースをよく吸うので、だしのうま味を活かしたいパスタで用いる。

B　甘鯛の身は水分が多く、そのままでは水っぽくなるので、塩で〆て水分を拭き取ってから調理する。

D　ラサの生地は、ここではやや硬めにしている。セモリナ粉を付けて削ると、作業しやすい。削ったものはしばらく置いて乾燥させる。

Pasta corta

# 海の幸入りフレーグラのミネストラ

chef 今井 寿

海に囲まれたサルデーニャのパスタは、魚やイカ、エビ、貝類合わせることが多いもの。さらに、サルデーニャにはフレーグラというユニークなパスタもあります。このパスタは、セモリナ粉に水滴を落として粒状にし、それを乾燥させるというユニークな手法で作ります。固く締まっていて火が通りにくいので、具材を煮込む鍋にフレーグラを茹でずに加え、煮込んでスープを吸わせるように仕上げます。

### 材料／4人分

フレーグラ（下記参照）　120g
イカ　160g
エビ　160g
アサリ（殻付き）　600g
ウイキョウ（スライス）　100g
にんにく（みじん切り）　1片分
ペペロンチーノ・ピッコロを　1本
白ワイン　100cc
ブロード・ディ・ボンゴレ　800cc
サフラン　少々
E.X.V. オリーブオイル　適量
イタリアンパセリ（みじん切り）　適量

〈フレーグラ〉
セモリナ粉　適量
水　適量

### 作り方

1 フレーグラを作る。ボールにセモリナ粉を入れ、指を水に浸してボールの上で指先を弾き水滴を落とす。
2 ボールを軽く揺すって粉に水分を吸わせ、目の小さな穴開きレードルなどで、水分を吸って丸い塊になった部分を取り出す。
3 2を集めてオーブンシートをのせた天板にのせ、低温のオーブンで焼き色が付くまでじっくりと焼き固め、フレーグラとする。
4 ソースを作る。オリーブオイルで、ウイキョウとにんにくを炒める。香りが出たら、ペペロンチーノ・ピッコロをを加えて炒め、イカ、エビを加え、塩をしてさらに炒める。
5 最後にアサリを加え、白ワイン、ブロードを加えて軽く煮込む。アサリの殻が開いたら取り出す。
6 3のフレーグラを茹でずに加える。フレーグラがスープを吸って柔らかくなるまで、8～10分ほど煮込む。
7 フレーグラが柔らかくなったら、5で取り出したアサリを入れてさっと煮込む。器に盛り、オリーブオイルをかけ、イタリアンパセリをちらす。

Pasta ripieno

# パスタを巻いた真鯛のオーブン焼き
# フレッシュトマトのソース

chef 和氣 弘典

ラザニアのように平たくのばしたパスタ生地に真鯛の身をのせ、バジリコ、モッツァレラをのせて棒状に巻いたパスタです。仕上げにオーブンで軽く焼き上げ、湯むきしたトマト、にんにくとオリーブオイルを回したソースで食べます。味わいとしては、カプレーゼのイメージで、実際にアンティパストとしても使えそうな一品です。真鯛は完全には火を入れず、レアの状態に仕上げるのがポイントです。

## 材料／4人分

真鯛の身　240g
モッツァレラチーズ　100g
バジル　16枚
アンチョビ（フィレ）　4枚
塩　適量
E.X.V. オリーブオイル　適量
バジリコ（飾り用）…適量

〈パスタ生地〉
"00"粉　170g
卵黄　1個分
全卵　1個
塩　1g
E.X.V. オリーブオイル　3g

〈トマトソース〉
トマト（果肉）　100g
にんにく（みじん切り）　1/2片分
E.X.V. オリーブオイル　適量
塩　適量

## 作り方

1. 真鯛は3枚におろし、骨・皮を取り、バジリコ（分量外）、オリーブオイルで1時間程マリネしておく。
2. パスタ生地を作る。"00"粉、卵黄、全卵、塩、オリーブオイルを練り合わせ、一まとめにしてラップをかけ。休ませる。
3. 休ませた生地はパスタマシンにかけ0.5mm厚さにのばし、横20cm×縦12cmの長方形にカットする。
4. 1%の塩の入った熱湯で、3の生地を茹で、浮いて来たら取り出して氷水に浸け、冷ます。
5. 水けを拭いた生地を広げ、1の鯛を0.5cmほどにスライスして並べ、その上にバジリコ、モッツァレラチーズ、アンチョビの順に並べ、手前から巻いて筒状する。
6. 好みの大きさにカットしてオリーブオイルをふり、160℃のオーブンで焼き上げる。
7. トマトソースを作る。トマトは湯むきをし、種を取って乱切りにする。
8. 鍋ににんにく、オリーブオイルを入れ炒め、香りが立ってきたら7と塩を入れ炒めながら煮詰める。
9. 8はミキサーに入れ、回しながらオリーブオイルをたらし、クレーマを作る。
10. 6は器に盛り、9のソースをかける。オリーブオイルをふり、バジリコを飾る。

Pasta ripieno

## 魚介とマッシュルームのカネロニ　ピザ窯焼き クイリナーレ風

chef　臼杵 哲也

さまざまな魚介類を混ぜ込んだベシャメッラをカネロニ生地で巻き、ソースとともに焼き上げた伝統料理です。クイリナーレ風とは、ローマのクイリナーレ宮殿にちなんだスタイルで、トマトソースとベシャメッラを使う料理に冠され、カネロニでよく用いられます。ベシャメッラは、魚介から出たうま味たっぷりの煮汁を合わせるために、事前にやや固めに作っておくのがポイントです。この料理は、最後に高温で表面だけをさっと焼きたいので、ピッツァ窯で仕上げ調理を行っています。

材料／6人分

〈カネロニ生地〉
ティッポ00粉　120g
セモリナ粉　80g
塩　少々
E.X.V. オリーブオイル　少々
水　適量（生地の硬さを見て調節）

〈ベシャメッラ〉
薄力粉　35g
バター　35g
牛乳　500cc

〈具材〉
小エビ　8尾
ホタテ貝柱　120g
白身魚　120g
玉ねぎ　1/2個
ズッキーニ　1/2本
白ワイン　30cc
塩・胡椒　各適量

トマトソース　150cc
パルミジャーノ（すりおろし）　適量

A

カネロニの具の白身魚、食感を活かしたいので、身を崩さないように注意しながら炒める。

B

煮汁はベシャメッラに加えるので、水っぽくならないよう、とろっとするまで煮詰める。

C

具材を合わせたカネロニの詰め物は、巻きやすいよう粗熱を取って濃度を出す。

D

カネロニ生地は、手前から一巻きしたら、詰め物を締めるように生地を一度手前に引いてから巻くと、しっかりと巻ける。

E

ピッツァ窯は、奥と天井に近い所が高温で、手前になるに従い温度が低くなる。オーブン代わりに使うときは、窯の手前部分で加熱する。

作り方

1. ラザニア生地を作る。水以外の材料をボールに入れ、しっかりとこねる。硬さは水で調整する。生地がまとまったら、丸めてラップにくるんで1時間以上休ませる。
2. 休ませた生地は麺棒で8mm厚さ程度にのばし、パスタマシンで徐々に均等にのばし、2.5mm厚さにする。
3. ベシャメッラを作る。鍋にでバターを弱火で溶かし、ふるった小麦粉を加える。弱火で色付けないよう炒めたら、牛乳を少しずつ加えてのばす。牛乳が全て入ったら10分ほど煮込み、シノワで漉す。やや硬めに仕上げる。
4. テフロンパンでオリーブオイルを熱し、玉ねぎをソテーする。しんなりとしてきたら、塩、胡椒をした魚介を入れ、少し色付いたらズッキーニを加えて炒める。［写A］
5. 白ワインを注ぎ、アルコールを飛ばしたら、ザルで具と煮汁と分け、煮汁はとろっとするまで煮詰める。［写B］
6. 5の煮汁に3のベシャメッラを半量程度加え、塩・胡椒で味を調えたら、5の魚介と野菜を戻してからめる。鍋ごと氷水にあてて粗熱を取る。残ったベシャメッラは、ソースとして取っておく。［写C］
7. 2のカネロニ生地は1％の塩をした湯で茹で、浮いてきたら氷水に落としてしっかりと水けを拭き取る。
8. 7を広げ、両端を少し残して6の具材をのせ、筒状にしっかりと巻く。［写D］
9. 耐熱容器にトマトソースを流し、8のカネロニをのせ、6で残したベシャメッラをかけ、パルミジャーノをふる。ピッツァ窯の温度の低い部分で焼き上げる。［写E］

Pasta ripieno

# カニとリコッタチーズの カネロニ

 今井 寿

淡白な魚介と、相性のいいリコッタチーズを合わせてカネロニにした、レストランのパスタです。ここではカニを使いましたが、エビや白身魚など、青魚以外なら何でもよく合います。詰め物が淡白なので、ソースはバターでコクを出したトマトクリームソースを合わせるのがベストです。彩りを考えて、パスタは通常のものとほうれん草入りの2色を使いました。

**材料／4人分**

〈カネロニ生地（黄色）〉
強力粉　200g
薄力粉　50g
セモリナ粉　25g
卵　2個
塩　適量
E.X.V. オリーブオイル　適量

〈カネロニ生地（ほうれん草入り）〉
強力粉　200g
薄力粉　50g
セモリナ粉　25g
卵　1.5個
ほうれん草　40g
塩　適量
E.X.V. オリーブオイル　適量

〈詰め物〉
リコッタチーズ　300g
タラバガニ（ほぐし身）　200g
パルミジャーノ・レッジャーノ　100g
卵　1個
塩・胡椒　各適量
ナツメグ　適量

〈ソース〉
トマトソース　100cc
生クリーム　100cc
バター　10g
塩　適量

パルミジャーノ・レッジャーノ（飾り用）
　適量
イタリアンパセリ　適量

**作り方**

1 パスタ生地を作る。黄色い生地は、材料全てをボールで混ぜてよく練り、丸めてラップをかけ、30分～1時間寝かせる。
2 表面がなめらかになったら麺棒で平たくのばし、パスタマシンで1mm厚さにのばす。8cm角にカットする。
3 ほうれん草入りの生地を作る。ほうれん草はざく切りにし、卵とともにジューサーに入れて回しペースト状にする。
4 ほうれん草入りの生地の残りの材料と3をボールに入れて混ぜ、よく練り、丸めてラップをかけ、30～1時間寝かせる。
5 表面がなめらかになったら麺棒で平たくのばし、パスタマシンで1mm厚さにのばす。8cm角にカットする。
6 1%の塩をした湯で、2と5の生地を茹でる。浮いてきたら取り出して氷水に落とし、冷えたら水けを拭き取っておく。
7 詰め物を作る。材料全てをボールに入れ、よく混ぜ合わせる。
8 6のパスタで7を包む。広げたパスタの手前を1cmほど空けて7を横1cm幅ほどにのせ、手前から奥に巻いて筒状に包む。
9 8はパイ皿などにのせてパルミジャーノをふり、200℃のオーブンで5分焼く。
10 ソースを作る。鍋にトマトソースと生クリームを入れて煮詰め、バターを加えて溶かす。塩で味を調える。
11 器に10のソースを流し、パルミジャーノをかけてバーナーで炙り、焼き目を付ける。その上に9をのせ、イタリアンパセリを飾る。

Pasta ripieno

# 毛ガニのラビオリとスモークチーズの
# オーブン焼き　茸のソース

chef 和氣 弘典

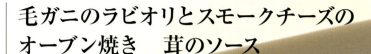

カニの中でも、毛ガニは生より火を入れて美味しさが増す素材だと思います。そこで生の毛ガニをフレッシュ感は損なわずに半分火を入れた状態で出したいため、カネロニの詰め物にしました。軽く火を通す工夫として、カネロニ生地はオリーブオイルを多目にして通常の半分ほどの薄さの0.2〜0.3ミリ厚さにします。また茹でる際には、お湯は強く沸騰させず表面が揺れる程度の中で茹でるようにします。ソースはエストラゴンをきかせました。

材料／4人分

〈ラビオリ生地〉
強力粉　280g
塩　1g
E.X.V. オリーブオイル　40cc
卵白　60g
水　50cc

〈毛ガニの詰め物〉
毛ガニ　1杯
塩　適量
エシャロット（みじん切り）　20g

〈エストラゴンのソース〉
生クリーム　100cc
エストラゴン　1枝
トマトの果肉　40g
塩　適量

鶏のブロード　適量
無塩バター　適量
E.X.V. オリーブオイル　適量
塩　適量
エストラゴン　適量

作り方

1　毛ガニの殻を開け、ミソを生の状態で取り出しておく。

2　1のカニは、殻付きのまま塩の入った熱湯でさっと茹でて氷水にとり、殻から身を外す。

3　1のカニミソと2を合わせ、塩、エシャロットで味を調える。

4　4の寝かせた生地はパスタマシンで薄さ0.2〜0.3mmの薄さにのばし、直径7cmの丸型でくりぬき、中央に3の詰め物をのせ、半分に折り包む。

5　4の寝かせた生地はパスタマシンで薄さ0.2〜0.3mmの薄さにのばし、直径7cmの丸型でくりぬき、中央に3の詰め物をのせ、半分に折り包む。

6　鍋に生クリーム、エストラゴンを入れ半量になるまで煮詰め、トマトの果肉を入れ塩で味を調えソースとする。

7　5のラビオリは、1％の塩の入った湯で茹でる。

8　鍋に鶏のブロード、バターを入れ、7の茹で上がったラビオリを入れて静かにからめ、オリーブオイルを入れ乳化させ、皿に盛る。

9　6のソースをかけ、オリーブオイルをふる。エストラゴンをあしらう。

Pasta ripieno

# 魚介を詰めたラビオリ

 岡村 光晃

数種類の魚介を、贅沢に使ったラビオリです。季節によって魚介は変わりますが、今回はエビ、ホタテ、ヒラメ、ホウボウを使用。それらを細かくして基本的な四角形のラビオリの形に包み、トマトソースで仕上げました。ヒラメもホウボウも白身の魚ですが、どちらもうま味が強く、特にホウボウは秋から早春にかけてが旬で脂ものり、うま味も甘みも強く、存在感が感じられます。

材料／1人分

ラビオリ生地（下記参照）　8個分
詰め物（下記参照）　適量
トマトソース　適量
バジリコ　適量

〈ラビオリ生地〉作りやすい分量
薄力粉　400g
卵　4個
E.X.V. オリーブオイル　10cc
塩　少々

〈詰め物〉
白身魚（ヒラメ・ホウボウ）　適量
ホタテ　適量
エビ　適量
玉ねぎ（みじん切り）　適量
オレガノ　適量

作り方

1　ラビオリ生地を作る。材料を全て合わせてよくこね、粉けがなくなったら丸めてラップをし、1時間ほど寝かせておく。
2　詰め物の材料は、全てフードプロセッサーに入れて回す。
3　寝かせた生地は、麺棒でのばしてから、パスタマシンで2mm厚さにのばす。
4　パスタ生地に2を分けて取り、ラビオリを作る。
5　トマトソースは、フライパンで温める。
6　塩分濃度1％の湯に、4を入れて茹でる。浮いてきたら引き上げて水けをきり、5に加えてソースと和える。
7　器に盛り付け、バジリコをのせる。

Pasta ripieno

# 手長エビとリコッタチーズを詰めたトルテリーニ　イカ墨のソース　ヒイカのソテー添え

chef 和氣 弘典

手長エビ、リコッタチーズは、それぞれ単独でも、組み合わせても詰め物パスタに使われる素材です。ここでは定番の組み合わせに、小型のヒイカ（ジンドウイカとも）を軽く炒めたものを添えました。トルテリーニの手長エビもリコッタもイカも、ともに淡白な味わいが魅力の素材なので、ソースはシンプルに仕上げて、エビとイカの個性が負けないようにします。

### 材料／4人分

〈ラビオリ生地〉
"00"粉　125g
卵黄　15g
卵白　45g
塩　少々
E.X.V. オリーブオイル　少々

〈手長エビの詰め物〉
手長エビテール（むき身）　150g
塩　適量
リコッタチーズ　150g

〈ソース〉
手長エビのだし　適量
無塩バター　適量
E.X.V. オリーブオイル　適量
ヒイカ　16杯
にんにく（みじん切り）　1/2片分
白ワイン　50cc
イカ墨　適量

ピンクペッパー　適量

### 作り方

1. パスタ生地を作る。"00"粉、卵黄、卵白、塩、オリーブオイルを合わせて練る。丸めてラップをし、1時間ほど寝かせたら、パスタマシンにかけ1mm厚さにのばし、一辺6cmの正方形にカットする。
2. リピエノを作る。ロボクープに、手長エビと塩を入れて回し、取り出してリコッタチーズと合わせる。
3. 1の生地に2を絞り、トルテリーニの形に成形する。
4. 3は1％の塩をした熱湯で茹でる。
5. 鍋に手長エビのだしと無塩バターを入れて温める。4のトルテリーニが浮いて来たら引き上げ、水けをきって鍋に入れ、ソースをからめる。オリーブオイルを入れ乳化させる。
6. 別鍋ににんにくとオリーブオイルを入れて火にかけ、香りが出たら塩をしたヒイカを入れてソテーし、白ワインを入れる。ヒイカにあまり火を入れすぎないように注意して取り出す。残った汁は、イカ墨を入れてソースとする。
7. 器に6のヒイカと5のトルテリーニを盛る。6のイカ墨のソースをかける。ピンクペッパーをちらす。

Pasta ripieno

## エビのムースを詰めた イカ墨のファゴッティーニ 甲殻類のソース

イカ墨生地の中に、ふわっとしたエビのムースを詰めたパスタです。ヴェネツィアを中心に、北の地方のレストランでよく見かけます。ファゴッティーニは茹でただけで、ソースとからめていないためパサ付きやすいので、ソースでしっとりと楽しませるようにします。ソースは、パスタの詰め物に使ったエビの頭と野菜類で取ったものを合わせました。

chef 今井 寿

材料／4人分

〈エビのムース〉
好みのエビ（写真は芝エビ）　260g
卵白　1個分
生クリーム　50g
塩・胡椒　各適量

〈イカ墨パスタ生地〉
強力粉　200g
薄力粉　50g
セモリナ粉　25g
イカ墨　10g
卵　2個
塩　適量
E.X.V. オリーブオイル　適量

〈甲殻類のソース〉
エビの頭　250g
玉ねぎ（みじん切り）　50g
人参（みじん切り）　25g
セロリ（みじん切り）　25g
水　約500cc
タイム　3枝
トマトペースト　25g
ブランデー　45cc
生クリーム　150cc
E.X.V. オリーブオイル　適量

E.X.V. オリーブオイル　適量
イタリアンパセリ　適量
パプリカ・パウダー　適量

作り方

1　甲殻類のソースを作る。鍋にオリーブオイルと玉ねぎ、人参、セロリを入れて軽く炒める。
2　野菜がしんなりしたらエビの頭を入れ、香りが立つまで炒めたら、ブランデー、トマトペースト、水、タイムを加えて30分煮込む。
3　生クリームを入れて10分煮込み、目の細かなシノワで漉してソースとする。
4　イカ墨のパスタ生地を作る。材料全てをボールで混ぜてよく練り、丸めてラップをかけ、30分〜1時間寝かせる。
5　表面がなめらかになったら麺棒で平たくのばし、パスタマシンで1mm厚さにのばす。4cm角にカットする。
6　エビのムースを作る。エビはフードプロセッサーで回し、ボールに取る。
7　6のボールを氷水にあてながら、卵白を加えてよく練り、生クリームを加えてさらによく練る。塩、胡椒で味を調える。
8　ファゴッティーニを作る。5の生地を広げ、7のムースを絞り袋に入れて生地の中央に絞る。生地の四隅を持って風呂敷のように包む。
9　8は1％の塩を入れた湯で茹でる。浮いてきたら取り出し、水けをきる。
10　器に3のソースを流し、9のファゴッティーニを盛る。オリーブオイルを回しかけ、イタリアンパセリを飾り、パプリカ・パウダーをふる。

Zuppa & Minestra

## バッカラのスープ

chef 和氣 弘典

ヴェネトの伝統的な料理です。塩鱈は水を替えながら3〜4日かけて戻し、その後牛乳だけで2時間ほどかけて煮ます。通常はそれを様々に調理し、前菜やセコンドピアットにしますが、そのときに出る端身を利用し、スープに用いたりします。このスープでは塩鱈の端身に人参、かぼちゃ、セロリを加えて煮込み、仕上げに生クリームを加えます。魚臭さはまったく無く、クリーミーでやさしい味わいです。

**材料／4人分**

- バッカラ（水で戻したもの）　400g
- 牛乳　800cc
- 生クリーム　200cc
- かぼちゃ（小角切り）　200g
- じゃが芋（小角切り）　200g
- 人参（小角切り）　80g
- ポワローねぎ（スライス）　1/2本分
- セロリ（小角切り）　80g
- E.X.V. オリーブオイル　適量
- 塩・胡椒　各適量
- セルフィーユ　適量
- トーストしたパン　適量
- 黒胡椒　適量

**作り方**

1. バッカラは2〜3日間水を取り替えながら戻し、皮と骨を取り除いておく。
2. 鍋にオリーブオイル、ポワローねぎを入れて炒める。しんなりしたら、1の掃除をしたバッカラの身を入れて混ぜ合わせ、牛乳を注ぎ1時間弱火で煮込む。
3. 人参、セロリ、かぼちゃ、じゃが芋の順番で5分間おきに材料を2のスープに入れ、火を通す。
4. 最後に生クリームを入れ、塩、胡椒で味を調える。
5. 器に注ぎ、トーストしたパンを添え、黒胡椒をふる。セルフィーユを飾る。

Zuppa & Minestra

# 海の幸のミネストラ

chef 今井 寿

鮮度のいい魚介と、野菜を合わせて作るミネストローネです。魚介と野菜のだしで、好みの魚やイカ、貝などを煮出して作ります。元々が漁師料理ですので、使う魚介は季節のものです。そのままでは使えない小魚が手に入ったときや、端身がたくさん出たときなどに作ってもいいでしょう。スープですが、パスタのソースやリゾットのベースとしても利用できます。

材料／1人分

にんにく（みじん切り）　1片分
ポワローねぎ（小角切り）　80g
ズッキーニ（小角切り）　1/2本分
人参（小角切り）　50g
ういきょう（小角切り）　50g
トマト水煮（つぶしたもの）　180g
コラトゥーラ　20cc
アサリのだし　360cc
ヤリイカ（角切り）　100g
タコ（ボイルしたもの。角切り）　100g
ホタテ（小）　8個
好みの白身魚（小角切り）　100g
白ワイン　90cc
塩・胡椒　各適量
E.X.V. オリーブオイル　適量
レモンオイル　少々

作り方

1　鍋にオリーブオイルとにんにくを入れて弱火にかけ、きつね色になるまで炒める。
2　ポワローねぎ、ズッキーニ、人参、ういきょうを加えてよく炒め、しんなりしたらトマト水煮、アサリのだし、コラトゥーラを加える。
3　別鍋にオリーブオイルを熱し、材料の魚介類を入れ、炒める。白ワインを注ぎ、アルコール分を飛ばして軽く煮込む。
4　2に3を入れ、魚介に火が通ったら、塩、胡椒で味を調える。
5　器に盛り、レモンオイルを回しかける。

Zuppa & Minestra

# 白身魚とうずら豆のミネストラ

chef 臼杵 哲也

古くから伝わる家庭料理に、魚を組み合わせることで現代的にアレンジした料理です。豆以外の野菜類をくたくたになるまで煮たミネストラに、皮目をカリッと焼き上げた白身魚をアクセントとしてのせました。香りやうま味に加え、豆、野菜と魚の皮の食感とのコントラストを楽しませるミネストラです。写真では、魚はスズキを使いました。

### 材料／5人分

- うずら豆（乾燥） 30g
- 白身魚 200g
- パンチェッタ 100g
- 玉ねぎ 150g
- 人参 100g
- セロリ 50g
- ズッキーニ 100g
- ポロねぎ 100g
- ブロード・ディ・ポッロ 1200cc
- パッサータ 360cc
- 塩・胡椒 各適量
- パルミジャーノ・レッジャーノ 適量
- イタリアンパセリ 適量
- E.X.V. オリーブオイル 適量

### 作り方

1. うずら豆を戻す。うずら豆は、たっぷりの水に漬けて一晩置いておく。
2. 戻した水ごと豆を鍋に入れて火にかける。沸騰したら中火の弱火でやわらかくなるまで煮る。
3. やわらかくなったら火から外し、水道水を少しずつ入れながら冷ます。冷めたらザルにあけておく。
4. ブロードは、あらかじめ2/3量くらいになるまで煮詰めておく。
5. パンチェッタは1cmのダイスに、野菜類は全て1.5cmのダイスにカットする。白身魚は皮付きのままで、ひと口大にカットする。
6. 鍋にオリーブオイルとパンチェッタを入れて火にかける。香りが出たら、玉ねぎを加え、軽く塩をしてから炒める。
7. 玉ねぎが色付いてきたら、残りの野菜を加え、しんなりするまで炒める。
8. 6に4のブロードとパッサータを入れ、沸騰させる。軽くアクを取り、火を弱めて10分程度煮る。
9. 8に3の戻したうずら豆を入れ、ごく弱火で5分ほど煮て、塩・胡椒で味を調える。
10. 5の白身魚は、皮目だけに軽く塩をし、オリーブオイルを熱したフライパンに皮目を下にして、こんがりと焼き上げる。
11. 9を器に盛り付け、10の白身魚をのせる。パルミジャーノを削ってのせ、魚の上にイタリアンパセリをあしらう。

Zuppa & Minestra

# アンコウのブロデット

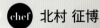 北村 征博

ブロデットは、魚介を使ったスープのこと。いろいろな魚が使われます。中でもアンコウといえば、イタリアではヴェネツィアなどで食べられています。アンコウは下処理に時間がかかる魚ですが、さばいた身が全て使えて、テリーヌ、パスタやローストなどさまざまな料理に使えます。この料理も、いわゆる"七つ道具"が全て入っており、見た目は素朴ですが、本来は手間のかかる贅沢な料理です。

### 材料／1人分

- アンコウ（さばいて「七つ道具」に分け、1%程度の塩水で茹でて、身をほぐし、冷やし固めたもの）　200g
- にんにく（みじん切り）　少々
- 玉ねぎ（みじん切り）　10g
- セロリ（みじん切り）　10g
- イタリアンパセリ　一つまみ
- レモン汁　小さじ1
- E.X.V. オリーブオイル　小さじ1
- ブルスケッタ（硬く焼いたもの）　2枚

### 作り方

1. アンコウ、にんにく、玉ねぎ、セロリは鍋に入れて火にかけ、温めたら、イタリアンパセリ、レモン汁とオリーブオイルを入れて火を止める。
2. 器にブルスケッタをのせ、1をかける。

Zuppa & Minestra

# ハマグリとポロねぎの冷たいクレーマ ピゼリーニのアクセント

chef 臼杵 哲也

ハマグリの香りを強調した、シンプルで馴染みのある味わいのスープです。ハマグリはブロードで煮て半生に火を入れ、その煮汁にポワローねぎと生クリームを加えてクレーマにします。冷たくした方が、味のボケが少ないので冷製で出します。春らしくピゼリーニの風味と緑の色合いをアクセントにしました。この料理はハマグリが多少不揃いでも気にならないので、美味しくてたくさん手に入る春先の時期に作るといいでしょう。

### 材料／5人分

じゃが芋　300g
ポワローねぎ　200g
ハマグリ（殻付き）　400g
ブロード・ディ・ポッロ　600cc
生クリーム　90cc
ピゼリーニ　50g
セルフィーユ　適量
E.X.V. オリーブオイル　少々
塩・胡椒　各適量
硬くなったパン　50g
セルフィーユ　適量

### 作り方

1. じゃが芋、ポワローねぎは、それぞれスライスしておく。
2. 鍋に冷たいブロードとハマグリを入れて加熱する。沸騰し、ハマグリの殻が開いたら取り出し、煮汁を少し煮詰める。ハマグリは身を外しておく。
3. 鍋にオリーブオイルと1のポワローねぎを入れ、弱火で炒める。しんなりしてきたら1のじゃが芋を加え、炒める。
4. 2の煮汁のうち500ccとパンを加え、10分ほど煮込んだら、ミキサーにかける。裏漉しにかけ、ボールに移して氷水に当てながら冷ます。
5. ピゼリーニは、塩茹でしてザルにあけ水けをきったら、鍋に3のブロードの残りのうち50ccとともに鍋に入れ、火にかける。沸騰したら塩・胡椒で味を調え、ミキサーで裏漉しをする。
6. 4のスープは塩で味を調え、生クリームを加える。
7. 器に流し、2のハマグリの身をのせる。5をかけ、セルフィーユを飾る。

Rissoto

# 魚介の玄米リゾット

chef 今井 寿

魚介のうま味で炊き上げたリゾットです。魚介は青魚以外ならほとんどのものが合いますので、地の魚や時季折々の素材で変化を楽しませるといいでしょう。魚介の場合は風味が淡白ですので、使うものによっては、仕上げにはパルミジャーノやバターは使わず、オリーブオイルで乳化させます。なお玄米でリゾットを炊く場合は、精白した米とは吸水率が違いますので、少なめの水分を保って炊くことが大事です。

材料／4人分

玄米　200g
有頭エビ　4尾
アサリ　50g
ムール貝　50g
ホタテ　4個
イカ　100g
タコ　50g
白身魚　100g
白ワイン　100cc
水　約300cc
にんにく（みじん切り）　1片分
E.X.V. オリーブオイル　適量
塩・胡椒　各適量

作り方

1　鍋にオリーブオイルとにんにくを入れて火にかける。香りが出てきたら、材料の魚介を全て入れて軽く炒め、白ワインと水を入れて蓋をする。
2　貝類の口が開いたら、魚介類を全て取り出す。煮汁は取っておく。
3　別鍋にオリーブオイルを熱し、玄米を加えて軽く炒める。
4　2で取っておいた煮汁を数回に分けて加えながら、リゾットを炊く。
5　15分くらいしたら、2で取り出した魚介を加え、火を通しすぎないように軽く煮込む。
6　塩、胡椒で味を調えたら、オリーブオイルを加えて入乳化させる。
7　器に盛り付ける。魚介類は、リゾットの上に見栄え良く盛る。

## Rissoto

## アサリのリゾット　レモン風味 パレルモ風

chef 岡村 光晃

アサリのうま味をしっかり吸わせたリゾットに、シチリアの特産品のレモンをふんだんに使ってさわやかに仕上げました。"パレルモ風"としているのは、レモンをたっぷり使っているためです。レモンのスライスを飾りに使うのも、いろいろな料理にレモンを使うシチリアらしい素朴な盛り付け方です。

### 材料／2人分

- アサリ（むき身）　150g
- カルナローリ米　100g
- にんにく　1片
- 玉ねぎ（みじん切り）　適量
- E.X.V. オリーブオイル　適量
- パルミジャーノ・レッジャーノ（またはペコリーノ）
- ブロードディペッシェ　適量
- レモンの皮
- レモン（スライス）　3枚
- イタリアンパセリ（みじん切り）　適量

### 作り方

1. 鍋につぶしたにんにくとオリーブオイルを入れて弱火にかけ、香りが出てきたらにんにくを取り出す。
2. 玉ねぎを入れて炒め、玉ねぎが透き通ってきたら、米を加えて炒める。
3. 米が透き通ってきたら、ブロードを加え、鍋をゆすりながら煮る。水分がなくなってきたら、適宜ブロードを補いながら、アルデンテに炊き上げる。
4. 炊き上がりの5分ほど前に、アサリを加えて軽く煮込む。
5. オリーブオイルを加えて乳化させ、仕上げにパルミジャーノとレモンの皮のすりおろしを加えてかき混ぜる。
6. 器に盛り付け、レモンスライスを添え、イタリアンパセリをちらす。

Rissoto

## スルメイカの肝のリゾット

chef 鈴木 弥平

イカを扱う場合は全般に掃除の仕方が重要で、丁寧な下処理をして生臭さを出さない、食感を高めるという日本の食文化は素晴らしいと思います。肝に関しては、墨イカは味が今一つ、アオリイカは食感がザラ付きがあり、味、食感ともに優れているのがスルメイカです。肝を煮切り酒でのばしたソースは、バターでつなぐと魚料理のソースとして応用がきき、淡泊な白身魚のグリルなど最適です。

## 材料／4人分

スルメイカ　1杯
塩　適量
日本酒（煮切り酒）　100cc
エシャロット（スライス）　30g
E.X.V. オリーブオイル　適量
バター　適量
カルナローリ米　160g
白ワイン　20cc
昆布水　適量
塩、白胡椒　各適量
パルミジャーノ・レッジャーノ　適量
芽ねぎ　適量

## 作り方

1. スルメイカは、背の側にハサミを入れ、中の甲羅に沿って刃を進め、上に向けて開く。肝を傷つけないようにゲソを引っ張って外す。墨袋も取り、肝を切り取る。[写A]
2. 1の肝は、たっぷりの塩をふって半日寝かせる。[写B]
3. 肝から出た水分を水洗いし、裏漉しして日本酒を合わせる。[写C]
4. 胴の部分からエンペラを外し、それぞれに皮をむいて掃除をする。ゲソは目とクチバシを取り除き、吸盤をしごいて取り、掃除をする。
5. 胴は2mm間隔で隠し庖丁を入れ、約3mm幅に切る。
6. 鍋にエシャロット、オリーブオイル、バターを入れて火にかけ、ゆっくり加熱する。香りが出たら5と米を加え、米に油をまわすように軽く混ぜる。
7. 白ワインを加え、煮詰まったら昆布水を加えて強火にし、沸いたら中火にする。ヘラは使わず、鍋をゆすって混ぜながら、約20分炊いてアルデンテに仕上げる。[写D]
8. 4のエンペラとゲソは、塩、白胡椒、オリーブオイルをふってオーブンで焼く。[写E]
9. 3の肝にオリーブオイルを加えてなじませたら7に加え、パルミジャーノとオリーブオイルを加えて乳化させる。[写F]
10. 皿に盛り付け、8のエンペラとゲソを添える。芽ねぎを飾る。

墨袋を外すときは、中の墨がこぼれないよう墨袋の根元を持ち、破かないよう慎重に行う。

塩をして置くことで、肝の中の余分な水分がぬける。この作業をしないと、生臭みが残る。

ここでは、ワインより日本酒のほうがイカのうま味を引き立てるので、あえて日本酒を使う。

イカのを焼いた香ばしい風味もリゾットに出したいので、ゲソとエンペラはオーブンで焼く。

ブロードよりも、やさしい味わいで魚介のうま味を引き出す昆布水を加える。昆布のうま味はイタリアでも評価され始めている。

肝の風味が飛ばないよう、肝のソースは炊き上がり直前の一番最後に加える。

## Rissoto

# 穴子のリゾット

**chef** 北村 征博

さばいた穴子を、米と一緒にして炊き上げた料理です。リゾットは仕上げにバターとチーズでつなぐのが一般的ですが、それでは魚介の繊細な風味が負けてしまうと思い、私はオリーブオイルで仕上げ、米も魚介のときはイタリア米よりも粘質のある日本米を使っています。仕上げに、ドライトマトを焦がして塩を合わせ、粉末状にしたものをふります。

### 材料／1人分

穴子（身を開いたもの）　100g
塩　2.5g
日本米　50g
湯　50g
E.X.V. オリーブオイル　大さじ1
ドライトマト塩（下記参照）　一つまみ

〈ドライトマト〉
ドライトマト　1
塩　2

### 作り方

1. ドライトマト塩を作る。ドライトマトは低温のオーブンで焦がし、倍の塩と合わせて粉末にしておく。
2. 穴子は開いて内臓を取り、水洗いして骨とヒレを外す。
3. 2の穴子は塩をして、1時間塩漬けにしたら、1cm幅にカットする。
4. 鍋にオリーブオイルと米を入れて火にかけ、米が温まったら熱湯を注いで2を入れ、弱火で15分煮る。
5. 仕上げにオリーブオイルを入れて火から下ろし、軽く混ぜて乳化させる。
6. 器に盛り、1のドライトマト塩をふる。

Rissoto

# アオサとズワイガニのリゾット

chef 臼杵 哲也

パルミジャーノのリゾットに、アオサ海苔とカニを組み合わせた贅沢な一皿です。ワタリガニのほうがうま味がありますが、非常に高価になってしまうので、ズワイガニを使います。このリゾットではカニのうま味を使いたいので、殻も使います。エビやカニなどの甲殻類は、殻からも風味が出ますので、ブロードでうま味を煮出し、それでリゾットを炊き上げるようにします。

## 材料／2人分

カルナローリ米　90g
ズワイガニ足肉　3本分
にんにく（みじん切り）　1/2片分
玉ねぎ（みじん切り）　20g
ブロード・ディ・ポッロ　適量
アオサ海苔（水で戻したもの）　適量
パルミジャーノ（すりおろし）　20g
塩・胡椒　各適量
E.X.V. オリーブオイル　適量
水菜　適量

## 作り方

1. ズワイガニは塩茹でして冷まし、殻から身を取り出す。二の腕の部分は、飾り用に少し取り置き、残りはほぐしておく。殻は残しておく。
2. ブロードは、1で取っておいたカニの殻を入れてしばらく煮る。
3. 鍋にオリーブオイルとにんにく、玉ねぎを入れて火にかけ、しんなりしたら米を加える。
4. 米が透き通ってきたら白ワインを注ぎ、アルコール分を飛ばし、2のブロードを加えながら米がアルデンテになるまで煮る。
5. 4の火を止め、パルミジャーノと1のほぐしたカニの身を加え、塩・胡椒で味を調える。
6. 最後にアオサ海苔を入れてさっと混ぜ、器に盛る。1の飾り用のカニ身と、水菜をトッピングする。

Rissoto

# ポルチーニ茸とトレヴィスのリゾット 伊勢エビの瞬間揚げ

chef 和氣 弘典

ポルチーニとタルティーボのリゾットに、伊勢エビを組み合わせた高級感あふれる料理です。伊勢エビは生で食べて美味しい素材なので、表面に軽く火を入れて味わいを凝縮させます。このとき、身の表面に均等に火を入れたいので、グリルやソテーではなく高温の油でさっと揚げる手法を取りました。リゾットはポルチーニの香りが強く、伊勢エビの繊細な味わいが負けてしまいますので、リゾットには混ぜ込まず、上に盛り付けるようにします。

## 材料／4人分

〈リゾット〉
ポルチーニ　150g
にんにく　1/2片
イタリアンパセリ　適量
タルティーボ　150g
カルナローニ米　200g
玉ねぎ（みじん切り）　60g
E.X.V. オリーブオイル　適量
野菜のブロード　適量
無塩バター　適量
パルミジャーノ・レッジャーノ　適量
タルティーボ（飾り用）　適量

伊勢エビ　2尾
塩・胡椒　適量
小麦粉　適量
ヒマワリ油（揚げ油用）　適量
E.X.V. オリーブオイル　適量

## 作り方

1. トリフォラーティを作る。ポルチーニは掃除をし、1cmの角切りにしたら、オリーブオイルとにんにくを熱した鍋に入れて炒め、イタリアンパセリをふる。
2. リゾットを作る。玉ねぎはオリーブオイルで炒め、米を入れて炒める。米が透明になったら、沸騰したブロードを入れて煮る。水分が無くなってきたら、少しずつ足していく。
3. 途中で1のトリフォラーティを入れ、アルデンテに炊き上げ、刻んだタルティーボとバターを入れてよく混ぜ、パルミジャーノを入れて仕上げる。[写A]
4. 伊勢エビは殻ごと半割りにし、背ワタ・砂袋を取り除く。[写B]
5. 身に塩・胡椒をし、身の方だけに小麦粉を付け、コーティングする。[写C]
6. 190℃ほどの高温の油で、さっと揚げる。レアの状態で引き上げる。[写D]
7. すぐに殻から身を外し、カットする。[写E]
8. ミソはボールに取り、塩、オリーブオイルを加えて混ぜ、ソースとする。[写F]
9. 器に3のリゾットを盛り、7の伊勢エビを盛り、8のミソのソースをかける。カットしたタルティーボをちらす。

A

タルティーボは、苦みと食感、色合いを残すために、リゾットの仕上げで加える。

C

殻に覆われた部分と同じ程度に火入れをしたいので、身には必ず衣を付ける。

E

余熱で火が入らないよう、すぐに殻から身を外す。身の表面だけに均一に火が入っている。

B

ミソの近くにある砂袋は、料理が黒く汚れた色にしてしまうので、背ワタとともに必ず取り除く。

D

揚げ時間は10秒程度。高温の油で、表面だけに熱を入れ、甘みを引き出す。

D

ミソも加熱され、うま味が凝縮しているので、これもソースとして利用する。

## Gnocchi

# じゃが芋のニョッキ
# アサリとムール貝のトマトソース

chef 臼杵 哲也

素朴なニョッキを、貝とトマトのうま味で楽しませる伝統料理です。貝類はアーリオ・オーリオに白ワインを加えた中で加熱して口を開け、貝から出た汁にトマトソースを加えてソースとします。貝は取り出して身を外しておき、火が入りすぎて硬くならないようにして、茹で上がったニョッキとともにソースに加えるのがポイントです。

### 材料／4人分

- ニョッキ（下記参照）　200g
- ムール貝　12個
- アサリ（殻付き）　400g
- にんにく　1片
- ペペロンチーノ・ピッコロ　2個
- 白ワイン　90cc
- サルサ・ポモドーロ　200cc
- プチトマト　12個
- E.X.V. オリーブオイル　適量
- 塩・胡椒　各適量
- イタリアンパセリ　適量

〈ニョッキ〉（作りやすい分量）
- じゃが芋　500g
- 強力粉　150g
- 卵　1個
- パルミジャーノ（すりおろし）　70g
- 塩　少々
- E.X.V. オリーブオイル　少々

### 作り方

1. ニョッキを作る。じゃが芋は皮つきのまま塩茹でにする。茹で上がったら皮をむき、裏漉しにかける。
2. ボールに1のじゃが芋を入れ、強力粉、パルミジャーノを加えて混ぜ合わせる。途中、ほぐした卵、塩、オリーブオイルを加え、練り込みすぎないように注意して混ぜる。
3. ひとまとめにしたら、棒状にのばし、庖丁などでカットし、指で押し込むようにして形を作る。
4. ソースを作る。鍋につぶしたにんにく、ペペロンチーノ・ピッコロとオリーブオイルを入れて火にかける。
5. 香りがしてきたら、ムール貝とアサリを加えて白ワインを注ぎ、蓋をする。貝は口が開いたら、取り出す。
6. 1％の塩をした湯に、3のニョッキを入れて茹でる。浮いてきたら、引き上げて水けをきる。
7. 5の煮汁はトマトソースを加えて軽く煮込み、塩・胡椒で味を調える。5で出した貝類を戻し、プチトマトを加え、6のニョッキも入れる。
8. 軽く煮込み、火を止めてからオリーブオイルを回しかけ、器に盛る。粗く刻んだイタリアンパセリをちらす。

Gnocchi

# アオサ入りじゃが芋のニョッキ クリームソース

chef 臼杵 哲也

魚介ではありませんが、海の幸の一つとして海草を加えて特徴を出したニョッキです。ニョッキには、熊本・天草で採れるアオサ海苔を加えて香りを添えました。トマトソースだと味がボケるので、やわらかな味わいのアサリのクリームソースを組み合わせます。上にのせたのは、薄く削った昆布を揚げたものです。昆布のうま味と香りが、豊かな味わいを生みます。

### 材料／4人分

- アオサのニョッキ（下記参照） 300g
- アサリ（殻付き） 400g
- にんにく 1片
- 白ワイン 90cc
- 生クリーム 90cc
- ピンクペッパー 適量
- 昆布（細くカットしたもの） 10g
- 塩・胡椒 各適量
- バター 30g
- E.X.V. オリーブオイル 適量

〈ニョッキ〉
146ページ「じゃが芋のニョッキ」の生地に、水でふやかしたアオサ海苔30gを加える。

### 作り方

1. 昆布は170℃の油で素揚げしておく。
2. 鍋に軽くつぶしたにんにくとオリーブオイルを入れて火にかけ、香りがしてきたらアサリを入れ、白ワインを加えて蓋をする。
3. アサリの殻が開いたらザルにあけ、煮汁だけを鍋に戻す。アサリは取っておく。
4. 1％の塩をした湯でニョッキをボイルし、浮いてきたらザルにあけて水けをきる。
5. 3の鍋に生クリームを加え、少し煮詰める。味を見て、バターを溶かし込む。
6. 4のニョッキと3で取っておいたアサリを入れ、軽く煮込んで器に盛る。
7. 1の昆布の素揚げと、ピンクペッパーを飾る。

## Gnocchi

## じゃが芋とブラックオリーブのニョッキ 飯ダコの煮込みソース　セロリ風味

chef 和氣 弘典

じゃが芋の生地に、刻んだ黒オリーブを加え、オリーブの形に成形したニョッキを使います。飯ダコのラグーは、タコを茹でて火を通してからミンサーにかけ、炒めます。最初に炒めて水分を飛ばしてしまうと、タコが硬くなってラグーにしたときに食感が悪くなるからです。またタコはセロリと相性がいいので、ラグーの香味野菜には、玉ねぎよりセロリの量を多くして加えています。

### 材料／4人分

〈ニョッキ〉
じゃが芋　125g
強力粉　60g
全卵　1/2個分
パルミジャーノ・レジャーノ（すりおろし）
　適量
ブラックオリーブ　40g
ナツメグ　少々

〈飯ダコのラグー〉
飯ダコ　300g
にんにく（みじん切り）　1片分
玉ねぎ（みじん切り）　45g
セロリ（みじん切り）　75g
ペペロンチーノ・ピッコロ　少々
ローリエ　1枚
白ワイン　80cc
トマトホール缶　250g
E.X.V. オリーブオイル　適量

ブロード・ディ・ポッロ　適量
無塩バター　適量
E.X.V. オリーブオイル　適量
ホワイトセロリ　適量
ブラックオリーブ（低温のオーブンで乾燥させて粉状にしたもの）　適量

### 作り方

1. ニョッキを作る。鍋に水、塩、皮付きのじゃが芋を入れ、水から茹でる。串で刺して持ち上がらないぐらいまでしっかりと茹でる。
2. 1は茹で上がったら取り出し、熱いうちに皮をむき、裏漉しする。
3. 2のじゃが芋、強力粉、全卵、パルミジャーノ、ブラックオリーブ、ナツメグを入れ、あまり練らないように混ぜ合わせ、一かたまりにする。
4. 生地を棒状にのばし、端から1.5cmくらいの長さに切り分け、手の平で卵型に成形し、ニョッキとする。
5. 飯ダコのラグーを作る。飯ダコは掃除し、塩を入れた湯で茹でる。
6. タコに火が入ったら取り出し、水けをきってミンサーで挽き肉にする
7. 鍋ににんにく、ローリエ、唐辛子、オリーブオイルを入れて火にかけ、香りが出たら玉ねぎ、セロリの順番に入れ炒める。
8. 野菜がしんなりしたら、6を入れ、白ワインを注ぎ入れて、アルコールを飛ばしたら、トマトホールを入れ30〜40分煮込み、ラグーとする。
9. 1％の塩の入った湯で、4のニョッキを茹でる。
10. 鍋にブロード、バターを入れて温める。9のニョッキが浮いてきたら引き上げて水けをきって入れ、ソースをからめる。仕上げにオリーブオイルを入れ乳化させる。
11. 器に8のソースを流し、その上に10のニョッキを盛る。ホワイトセロリを飾り、ブラックオリーブのパウダーをちらす。

Gnocchi

# 鮎のカネーデルリ

chef 北村 征博

カネーデルリは、トレンティーノ＝アルト・アディジェで食べられている、スープ入りのパン団子のような料理です。中でも私が修業した、オーストリア国境に近いプステリア渓谷周辺では、酪農が盛んなためか、カネーデルリにチーズを加え、スープに溶け出さないよう強く圧しながら焼いたものがありました。その料理をヒントに、チーズの代わりに刻んだ鮎を入れ、圧し付けながら焼いたものにしました。スープも鮎で取ったものです。

## 材料／1人分

鮎　1尾
卵白　1個分
乾燥パン（5mm角）　30g
鮎だし　200cc
塩　適量
ジュニパーベリー　2粒
香草ミックス　二つまみ
E.X.V. オリーブオイル　大さじ1

## 作り方

1　鮎は、頭を落として三枚におろす。
2　頭と中骨は、水とともに鍋に入れて火にかけ、沸騰したら30分ほど煮出し、漉して鮎だしとする。
3　1の鮎の身は、1.5％量の塩をふり、浮いてきた水けを拭き取り、卵白、パンとともに軽く混ぜ合わせ、1時間休ませる。
4　成形し、オイルを熱したフライパンでカリッと焼き上げ、器に盛る。
5　2のだしを温め、塩で味を調えたら、4の上からかける。香草ミックス、ジュニパーベリーをふり、オリーブオイルをかける。

魚介料理の味を高める注目食材

# 国産メカジキ

メカジキは南イタリア、特にシチリア料理で使われることが多い魚。シチリアの港には地中海を回遊するメカジキが揚がることから、鮮度が良く脂ののりもいいメカジキを使った料理が可能で、人気も高いのだ。一方でメカジキは太平洋全域からインド洋、大西洋と全世界的に分布し、日本では冷凍品も多いことから比較的安価で手軽な素材とされてきた。そうした中、いち早く三陸沖の近海で獲れるの良質メカジキに注目してきたのが、東京・広尾『アクアパッツァ』の日髙良実氏だ。質の高い国産メカジキの持ち味を活かした料理を、日髙シェフが紹介する。

開業以来25年もの間、人気を集め続ける『アクアパッツァ』日髙良実オーナーシェフ。氏は三陸で揚がる良質な生のメカジキに早くから注目し、その魅力を活かした料理を店でも紹介している。

## メカジキのソテー 甘酢風味

### 材料／2人分

メカジキ　120g×2
玉ねぎ　小1個
ローズマリーの葉　2～3本分
アンチョビ（フィレ）　2枚
塩・胡椒　各適量
セモリナ粉（または小麦粉）　適量
白ワインビネガー　100～150cc
E.X.V. オリーブオイル　適量

### 作り方

1. メカジキは、塩、胡椒をふり、セモリナ粉をまぶす。玉ねぎは厚めにスライスする。ローズマリーの葉は適当な大きさにちぎり、アンチョビは粗く刻んでおく。
2. 熱したフライパンにオリーブオイルを敷き、1のメカジキを入れて中火で両面を焼く。同時に同じフライパンの隅で1の玉ねぎを炒める。
3. ローズマリー、アンチョビも加え、火を強くしてワインビネガーを2～3回に分けてふり入れる。一度入れたら水分を飛ばし、それからまたふり入れるようにする。
4. 水分が飛んだら、器に盛り付ける。

私が修業していた、シチリアで出されていた料理です。メカジキの鮮度が良いので、その持ち味を活かすために、ワインビネガーは酸味を付けるというより、酸の香りを利用して味を締めるために使います。ビネガーは2～3回に分けて加え、そのつど水分を飛ばすのがポイントです。玉ねぎの自然な甘みとともに、メカジキの上品なうま味を引き立て、見た目以上に複雑な味わいです。

## メカジキのカツレツ フレッシュトマトソース

シチリアでは、メカジキやマグロなどの大型の魚は、淡白な肉のイメージでも調理されます。このカツレツもその一つ。カリッと焼き上げた衣の中で、しっとりとやわらかに火が入ったメカジキの身との食感の対比を楽しませます。その食感を出すために、ここでは衣には小麦粉は使わず、パン粉を2回に分けて付けるようにします。レーズンとトマトを使った、すっきりと甘酸っぱいソースもシチリアの味わいです。

### 材料／2人分

- メカジキ　120g × 2
- パン粉（目の細かなもの）　適量
- 卵（ほぐしたもの）　適量
- E.X.V. オリーブオイル　適量

〈ソース〉
- フルーツトマト（粗みじん切り）　100g
- 松の実（ローストしたもの）　30g
- サルタナレーズン　50g
- ドライオレガノ　1g
- E.X.V. オリーブオイル　60cc
- 塩・胡椒　各適量

### 作り方

1. メカジキは、塩、胡椒をし、パン粉、卵、パン粉の順で衣を付ける。
2. 1のメカジキは、多めのオイルを熱したフライパンでカリッと色良く焼き上げる。
3. ソースを作る。サルタナレーズンは、水で戻しておく。
4. 3とソースの残りの材料を鍋に入れ、温めてソースとする。
5. 器に2のメカジキを盛り付け、4のソースを添える。

### Ristorante ACQUA PAZZA

**住所**／東京都港区広尾 5-17-10 East West 地下1階
**電話**／03-5447-5501
**URL**／http://www.acquapazza.co.jp
**営業時間**／11:30 ～ 15:00（O.S.13:30。日曜日・祝日は 15:30 まで、O.S.14:00）、18:00 ～ 23:00（O.S.21:30）
**定休日**／月曜日

# SECONDO PIATTO

Pesce bianco

# 真鯛のソテー　桜エビのソース

chef 鈴木弥平

真鯛は塩をふったままおくと身が締まりすぎ、うま味も失われてしまうため、焼く直前に塩または塩、胡椒をします。シンプルなソテーに添えるのは、生臭さを出さないようにしっかり焼き込んで香ばしくした桜エビを使う風味豊かなソース。桜エビのクロッカンテのサクサクの食感が、真鯛にもソースにも良いアクセントになり、飽きずに堪能できる一皿です。

材料／4人分

真鯛　4切
塩、白胡椒　各適量
E.X.V. オリーブオイル　適量

〈桜エビのソース〉
E.X.V. オリーブオイル　200cc
にんにく（みじん切り）　1片分
エシャロット（みじん切り）　40g
タイム　1枝
桜エビ（生）　360g
ブランデー　適量
ブロード・ディ・ペッシェ（182ページ参照）
　　200cc

〈クロッカンテ〉
桜エビ（生）　40g
コーンスターチ　適量

パセリ（みじん切り）　少々

作り方

1　真鯛は、焼く直前に塩、胡椒をふる。フライパンにオリーブオイルを熱し、皮目から入れて反らないように手で軽く押さえながら焼く。落ち着いたら重しをして弱火で焼き、皮目がパリッと焼けたらオーブンに移して中まで温まるくらいに2～3分火を通す。

2　桜エビのソースを作る。鍋にオリーブオイル、にんにくとエシャロット、桜エビ、タイムを入れ、桜エビの殻がカリカリになるくらいまでしっかり焼き込む。ブランデーを加えてアルコール分を飛ばすように加熱する。

3　2とブロード・ディ・ペッシェをミキサーにかけ、オリーブオイルを加えて乳化させる。

4　クロッカンテを作る。桜エビとコーンスターチをむらなく混ぜ合わせ、適度な大きさの薄い円盤状にまとめてオーブンでカリカリに焼く。

5　3の皿にソースをしき、1の真鯛を盛り付けて4のクロッカンテを添える。パセリをちらす。

Pesce bianco

# 真鯛の甲羅焼き

 北村 征博

私が修業したトレンティーノ＝アルト・アディジェ州には、淡白な肉をパンとクルミとバターで焼く料理があります。その料理を魚でアレンジしたのがこの甲羅焼きです。淡白な味わいの鯛は尾や背の部位を使い、こってり感を出すために叩いたオリーブを加えたマヨネーズソースをのせ、その上に極く薄くスライスしたフォカッチャを"甲羅"のようにのせて焼き上げます。

### 材料／1人分

真鯛（フィレ）　150g
乾燥パン（薄切り）　3枚
塩　少々
E.X.V. オリーブオイル　少々

〈オリーブマヨネーズ〉（5人分）
卵黄　1個
塩　少々
白ワインビネガー　小さじ1
マスタード　小さじ1
サラダオイル　100g
E.X.V. オリーブオイル　50g
黒オリーブ（みじん切り）　30g

### 作り方

1 オリーブマヨネーズを作る。黒オリーブ以外の材料を合わせてマヨネーズ作ったら、黒オリーブを加えて混ぜ合わせる。
2 真鯛は皮目に切れ込みを入れて軽く塩をし、オイルを熱したフライパンで皮目を焼く。
3 皮目が焼けたら、身のほうに1をぬり、パンをのせる。ひっくり返して焼き上げる。
4 色付いたパンのほうを上にして器に盛る。

| Pesce
  bianco |

## 真鯛の海塩焼き    今井 寿

　日本料理の塩釜にも似た料理で、ヴェネト州の海に面した都市で見られます。この料理では粗塩で直接魚を包んで焼きますので、身に塩味が入りすぎないようウロコはつけたまま調理するのがポイント。サーブする際は、表面の塩を除き、魚の体側に沿って庖丁目を入れて皮を取り除き、身を取り分けます。皮にはウロコが付いたまま火が入り、硬くなっていますので、簡単にはがせます。写真はレモンオイルをかけましたが、サルサ・ヴェルデで食べることもあります。

材料／4人分

鯛　1尾（700g）
粗塩　適量

レモンオイル　適量

作り方

1　鯛は、エラと内臓を取り除いて水洗いし、水けを拭き取る。
2　大きめの耐熱皿に粗塩を敷き、その上に1の鯛を置く。魚の上にも粗塩をのせ、頭を残して身全体を塩で包む。[写A]
3　オーブンに入れ、魚に火を通す。700gの鯛だと、30〜40分が目安。[写B]
4　火が通ったら、レモンオイルを添えて、耐熱皿のまま提供する。[写C]
5　サーブする際は、庖丁の背で表面を叩いて割れ目を作り、塩を取り除き、腹側と背側の縁に沿って庖丁目を入れ、皮をはぐ。
6　皮をはがした状態。ここから身を器に盛る。好みの量のレモンオイルをかけて食べる。[写D]

A

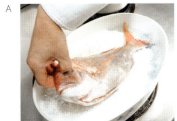

この料理では、ウロコは付けたまま加熱するのがポイント。魚に直接粗塩をのせるが、ウロコがないと塩が身に直接入ってしまい、塩辛くなる。頭は骨が非常に硬い上に身があまりないので、食べない。食べる身のほうだけに塩をする。

B

塩以外、そのまま何もかけずにオーブンに入れ、じっくりと火を通す。中まで火が通ったかどうかは、串を刺して確かめる。

C

客席でアツアツをサーブするのがこの料理の醍醐味。耐熱皿のまま提供し、その場でさばいてサーブする。

D

塩を軽く取り、背と腹に切り込みを入れて皮をはがす。皮は焼けて固くなったウロコがついているので、はがしやすい。

Pesce bianco

## 鯛のロースト

鯛は、日本でもお祝いなどのハレの日に出す魚で、イタリアでも同様です。下処理をした鯛の腹に、にんにく、ローズマリーを詰め、ローストして、メインの料理として出されます。鯛の周囲には、レモンとパプリカ、オリーブなどを使った南イタリアの伝統的な飾りの盛り付けをしました。モダンではありませんが、南イタリアの素朴な風土が感じられればと、あえてこの盛り付けをしています。

**chef** 岡村 光晃

### 材料／5〜6人分

天然鯛　1尾（約2kg）
にんにく　3〜4片
ローズマリー　2〜3枝
塩・胡椒　各適量

レモン　2個
赤・黄パプリカ　各1〜2個
黒オリーブ　適量
イタリアンパセリ　適量

### 作り方

1. 鯛はウロコを引き、エラを切り離して腹を割り、内臓を取り除いて水洗いし、胸ビレと背ビレを切り取る。
2. 1の鯛の腹の中に、にんにく、ローズマリーを詰め、塩、胡椒をふる。
3. 2を160℃に予熱したオーブンに入れ、約30分加熱する。
4. 焼き上がったら、3は切り分けずに器に盛り、周囲にスライスしたレモン、パプリカ、オリーブ、イタリアンパセリを飾る。

Pesce bianco

# 鯛の香草焼き ハマグリとマッシュルームのクリームソース

chef 臼杵 哲也

香草焼きにした鯛を、さっぱりとしたクリームソースと合わせました。茸とアサリのだしで作るこのソースは、蒸した魚にも合います。ソースを作り置きしないのがポイントで、茸はマッシュルームが相性がいいようです。ここでは鯛を使いましたが、魚は白身魚全般で作れる料理です。スズキなど、身割れしないしっかりした魚で作るといいでしょう。

### 材料／1人分

鯛（そぎ切り） 120g
プチトマト 2個
ピンクペッパー 適量
ハマグリ（殻付き） 100g
マッシュルーム 3個
イタリアンパセリ（みじん切り） 適量
セルフィーユ（みじん切り） 適量
バジリコ（みじん切り） 適量
白ワイン 30cc
アサリのブロード 60cc
生クリーム 70cc
塩・胡椒 各適量
E.X.V. オリーブオイル 適量

### 作り方

1. 鯛の身は、軽く塩・胡椒し、オリーブオイルをぬり、イタリアンパセリ、セルフィーユ、バジルをのせ、オーブンでローストする。
2. ソースを作る。鍋に、厚めにスライスしたマッシュルームと、ハマグリ、白ワイン、アサリのブロードを入れて火にかけ、蓋をする。
3. ハマグリの殻が開いたら、取り出して煮汁を煮詰める。
4. 生クリーム、半割りにしたプチトマト、3で取り出したハマグリ、ピンクペッパーを加え、塩・胡椒で味を調えてソースとする。
5. 1の鯛を器に盛り、周りに4のソースを流し、イタリアンパセリ、セルフィーユ、バジリコを飾る。

Pesce bianco

## ヒラメのロマーニャ風

chef 北村 征博

ロマーニャ風とは、パン粉と茹で玉子の黄身をまぶして焼く調理法のこと。粗めのパン粉のざくざくした食感を活かすために、淡白で身が厚すぎない魚を選びます。ここではヒラメを使いましたが、ヒラスズキなどもよく合います。調理工程が少なく、使う調味料も少ないシンプルな料理ですが、食感の変化や味わいが楽しめる美味しい魚料理です。

材料／1人分

ヒラメ（フィレ） 200g
〈香草パン粉〉
茹で玉子の黄身（みじん切り） 1個分
パン粉 30g
イタリアンパセリ（みじん切り）
　大さじ1

塩 少々
E.X.V. オリーブオイル 大さじ1
レモン 1/4個

作り方

1　ヒラメは塩をし、耐熱皿に入れる。
2　香草パン粉の材料をボールで合わせ、1にふりかける。
3　オリーブオイルを回しかけ、200℃のオーブンで約15分焼く。
4　取り出したら、仕上げにレモンを添える。

Pesce bianco

## ヒラメのじゃが芋巻きクロスタ アサリのソース　レモン風味

chef 和氣 弘典

薄くスライスしたじゃが芋を並べてシートを作り、それでマリネしたヒラメのフィレを巻き、焼いた料理です。調理法はソテーですが、ヒラメはじゃが芋のシートの中で蒸されるように火が入り、しっとりとした仕上がり。それでいて、じゃが芋はパリッと香ばしく焼けており、魚と芋の食感の違いも楽しめます。テフロンパンを使い、弱火でじっくりと丁寧に焼き上げます。

### 材料／4人分

ヒラメの上身　80g×4枚
じゃが芋（メークイン）　200g
ローズマリー　1枝
タイム　2枝
ピンクペッパー　適量
マイクロベビーリーフ　適量

〈アサリのソース〉
アサリのだし汁　100cc
レモンオイル　適量
E.X.V. オリーブオイル　適量
塩・胡椒　各適量

### 作り方

1. ヒラメは5枚におろし、皮を引いて80gにカットにしておく。
2. 1のヒラメは軽く塩をふり、タイム、オリーブオイルをふりかけて1時間くらいマリネをしておく。
3. メークインは皮をむき、極く薄くにスライスし、キッチンペーパーの上に部分的に重なるように丁寧に並べ広げ、シート状にする。
4. 3にローズマリーのみじん切りをちちらし、その上に2のヒラメを手前にを置き、手前からキッチンペーパーを使ってじゃが芋のシートでヒラメを巻いていく。
5. テフロンパンにオリーブオイルを熱し、4を入れ、弱火で何度も返しながら両面焼き上げる。
6. ソースを作る。アサリのだし汁を煮詰める。半量くらいになったら火を止め、レモンオイルを少しずつ入れながら攪拌し乳化させソースとする。
7. 6のソースを器に流し、5のヒラメを器に盛る。ピンクペッパーをちらし、マイクロベビーリーフを飾る。

Pesce bianco

# ヒラメの香草パン粉焼き  岡村 光晃

ヒラメは中骨をあえて残し、ラムチョップ風に仕立てた一皿で、2000年代のニューイタリア料理の流れが生んだスタイルです。淡白な白身魚を使った香草パン粉焼きはポピュラーな組み合わせで、ヒラメの他にも、スズキやタラなどで作るのもお勧めです。一度蒸して火を通し、オーブンで香り良く焼き上げたヒラメは、豆のソースの上にのせ、トマトをちらしました。

材料／4～5人分

ヒラメ…1尾
マスタード…適量
塩　適量

〈香草パン粉〉
にんにく（みじん切り）、オレガノ、イタリアンパセリ（みじん切り）、パン粉
　各適量

〈白いんげん豆のペースト〉
白いんげん豆　50g
E.X.V. オリーブオイル　少々
塩・胡椒　少々

フルーツトマト　適量

作り方

1　ヒラメは、ラムチョップに似せて、中骨を残しておろす。
2　1は塩をし、7分通り火が通るまで蒸す。
3　2のヒラメの身にマスタードをぬり、材料を混ぜ合わせた香草パン粉をまぶす。
4　180℃に予熱したオーブンに3を入れ、色付くまで焼く。
5　白いんげん豆は水に漬けて戻し、茹でて裏漉しし、オリーブオイル、塩・胡椒とともにミキサーにかけ、ペースト状にする。
6　器の5をしき、4を盛り、フルーツトマトの角切りをのせる。

Pesce bianco

# 白身魚のサルティンボッカ

 今井 寿

仔牛肉で作るローマ料理の代表格・サルティンボッカのアレンジ版で、ヘルシー志向の今日、イタリアでもよく見られます。基本的にあっさりとした肉で作りますので、魚ではヒラメや鯛など白身の淡白なものがよく合います。作り方は、サルティンボッカそのものです。仕上げはバターでソースをつなぎますが、オリーブオイルを用いると、古典的ですがよりヘルシーな料理になります。

材料／2人分

白身魚　50g×4枚
生ハム　4枚
セージ（葉の大きいもの）　4本
胡椒　適量
E.X.V. オリーブオイル　適量
強力粉　適量
ヴェルモット酒　90cc
無塩バター　10g

カステルフランコ　適量
トレビス　適量
イタリアンパセリ　適量

作り方

1　白身魚は胡椒をし、セージをのせて生ハムで巻く。強力粉をまぶす。
2　フライパンにオリーブオイルを熱し、1を入れて両面をこんがりと焼く。
3　余分な油を捨て、ヴェルモット酒を注ぎ、アルコール分を飛ばして軽く煮込む。水分が多い場合は煮詰める。
4　火から下ろしてバターを入れ、よく合わせて乳化させる。
5　器に盛り付け、カステルフランコ、トレビスを添える。イタリアンパセリを飾る。

Pesce bianco

# 魚とじゃが芋のトルティノ

chef 今井 寿

トルティノはパイ料理を指すことが多いのですが、この料理は元の料理のイメージに合わせて丸く焼き上げた一品です。ヒラメや鯛など細かく切った白身魚を、極細に切ったじゃが芋と合わせて丸く成形しますが、ここでのポイントはじゃが芋を水でさらさないこと。粉は使わず、じゃが芋のでんぷん質で形をまとめます。焦げ付きやすいので、テフロンパンで多めのバターで焼き上げます。

## 材料／2人分

じゃが芋　120g
白身魚（小角切り）　100g
オレガノ　少々
塩・胡椒　各適量
無塩バター　適量

イタリアンパセリ　適量
タルティーボ　適量
赤パプリカ　適量
バジリコ　適量
レモン（スライス）　適量
E.X.V. オリーブオイル　適量

## 作り方

1　じゃが芋は、極く細いせん切りにする。水にさらさないよう注意する。
2　1と白身魚を合わせて混ぜ、さらにオレガノを加え、塩、胡椒をして小判型に成形する。
3　鍋にバターを多めに入れて熱し、2を入れてこんがりと焼き上げる。
4　イタリアンパセリ、パプリカ、タルティーボをのせた器に盛り付け、レモンを添え、バジリコを飾る。オリーブオイルをふる。

Pesce bianco

## 白身魚とじゃが芋、ケッパー煮込み

chef 岡村 光晃

南イタリアは、見た目も素朴な料理が多く、この魚とじゃが芋の煮込みは言ってみれば日本の肉じゃがのような定番料理です。魚のだしをじゃが芋に吸わせて、じゃが芋も美味しく食べるという無駄のない料理。魚は、今回ヒラメを使いましたが、白身であれば何でも使えます。魚から出るだしのおかげで、あとは何もいらないくらい風味豊かになります。

材料／4～5人分

ヒラメ　1尾
じゃが芋（メークイン）　4～5個
E.X.V. オリーブオイル　適量
ケッパー、塩　各適量
白ワイン　120cc
水　適量
ブロード・ディ・ペッシェ　適量
イタリアンパセリ（みじん切り）　適量

作り方

1　ヒラメは胸ビレを切り取り、ウロコをタワシでこすり落とす。内臓を抜き、水洗いしておく。
2　下処理をした1のヒラメは、皮目に庖丁をし、厚めに切ったじゃが芋、オリーブオイル、ケッパー、塩、白ワイン、水とブロードを深鍋に入れて火にかけ、魚とじゃが芋に火が入るまで、じっくりと約30分煮込む。
3　イタリアンパセリをふる。

Pesce bianco

# 舌ビラメのフィレンツェ風

chef 今井 寿

舌ビラメは、淡白でいろいろと応用がきき、地中海沿岸の国では人気の高い魚。バター焼きが最もポピュラーなこの魚を、ここではほうれん草を巻き、白ワイン風味のベシャメッラで楽しませる料理にしました。ほうれん草やベシャメッラを使うところが、フィレンツェ風です。魚の身自体が淡白なので、ベシャメッラにはパルミジャーノも溶かし込み、コクを出しました。

### 材料／4人分

- 舌ビラメ　2尾
- ほうれん草　1束
- 白ワイン　300cc
- バター　30g
- 薄力粉　30g
- 生クリーム　100cc
- パルミジャーノ・レッジャーノ　100g
- トマト（6カットしたもの）　2個

### 作り方

1. ほうれん草は、茹でて氷水に取り、水けをよくきっておく。
2. 舌ビラメは、頭を落として内臓を取り除き、表裏の皮を引いて五枚におろす。
3. 2のフィレに、1をのせてカットし、端から巻く。
4. 耐熱皿に3を並べ、白ワインを注いで220℃のオーブンで八分ほどまで火を入れる。魚は残し、煮汁は取り出しておく。
5. 鍋にバターを溶かし、薄力粉を入れてよくかき混ぜ、ルーを作る。
6. 5の鍋に4で取り出した煮汁と、生クリームを加えてベシャメッラを作り、パルミジャーノを加えて溶かし込む。
7. 4の耐熱皿の舌ビラメの周りにトマトを並べ、6をかけて250℃のオーブンで8分ほど焼く。

Pesce bianco

# イサキのカラブリア風

chef 臼杵 哲也

レーズンやケッパー、アーモンドなどを混ぜ合わせたパン粉を詰め物として、開いたイサキで巻き込んで焼きました。南イタリアでは、この料理にはカジキを使うことが多いのですが、ここでは春先から夏にかけて熊本でよく獲れるイサキを使いました。カラブリア風として、同じカラブリア産の辛いパテ、ン・ドゥイヤを合わせても美味しくできると思います。

## 材料／2人分

イサキ（フィレ） 4枚
ローリエ 2枚

〈詰め物〉
パン粉（フランスパンなどを砕いたもの） 30g
にんにく（みじん切り） 1/2片分
ペコリーノ・ロマーノ 20g
ケッパー（塩漬け） 6g
アーモンド（スライス） 10g
レーズン 6g
レモンの皮（すりおろし） 適量
オレンジの皮（すりおろし） 適量
イタリアンパセリ 少々

〈付け合せ〉
ズッキーニ（スライス） 4枚
なす（スライス） 4枚
ポワローねぎ（せん切り） 適量
イタリアンパセリ 適量
塩 適量
E.X.V. オリーブオイル 適量

〈赤ワインソース〉
赤ワイン（サンジョヴェーゼ） 360cc
スターアニス 1個
グラニュー糖 大さじ1

## 作り方

1 イサキは骨をぬき、背の方の身に庖丁を入れて身の厚さを均等に広げる。
2 詰め物の材料は、ボールに入れて混ぜ合わせる。
3 1のイサキに2をのせ、ロール状に巻く。ロールは4個作り、2個ずつに分けてそれぞれのロールの間にローリエを挟んで竹串を刺す。
4 付け合せのズッキーニとなすは、軽く塩をして、オイルを熱したフライパンでこんがりと焼き上げる。ポワローねぎは素揚げして軽く塩をふる。
5 赤ワインソースは、全ての材料を鍋に入れ、とろりとするまで弱火で煮詰める。
6 3はオーブンでローストし、サラマンダーで焼き色を付ける。
7 付け合せのズッキーニとなすは、軽く塩をして、オイルを熱したフライパンでこんがりと焼き上げる。ポワローねぎは素揚げして軽く塩をふる。

Pesce bianco

# スズキのインパデッラ<br>マントバ風

chef 今井 寿

「パデッラ（フライパン）」と名が付く通りフライパン一つで作る料理で、魚をしっかりと加熱するときに用います。この技法を用いたのは、スズキは皮と身の間に臭みがある魚で、少し強めに火を入れることで臭みをうま味に変化させることができるからです。ソースのマントヴァ風はオリーブやケッパー、パセリなどで作るのが特徴で、魚介類全般に合います。

材料／4人分

スズキ（フィレ）　4切れ
塩・胡椒　各適量
E.X.V. オリーブオイル　適量
じゃが芋　2個

〈マントバ風ソース〉
玉ねぎ　1/2個
セロリ　1/2本
パプリカ（赤・黄）　各1個
きゅうりのピクルス　2本
アンチョビ（フィレ）　3枚
にんにく　1片
ブラックオリーブ　10個
ケッパー　30g
パセリ（みじん切り）　1枝分
アーモンド（スライスしてローストしたもの）
　100g
白ワインビネガー　適量
E.X.V. オリーブオイル　適量
塩・胡椒　各適量

作り方

1　マントバ風ソースを作る。玉ねぎ、セロリとパプリカは、それぞれ5mm角にカットする。
2　鍋に多めのオリーブオイルを熱して1を入れ、火が通ったら取り出して油をきり冷ましておく。
3　きゅうりのピクルスは5mm角に、アンチョビとにんにくはみじん切りに、ブラックオリーブは2mm角にカットする。
4　2、3とケッパー、パセリ、アーモンドスライスをボールに入れて合わせ、白ワインビネガー、オリーブオイルを加えて混ぜ、塩、胡椒で味を調えてソースとする。
5　じゃが芋は皮をむき、せん切りにして水にさらし、素揚げにしておく。
6　スズキは塩、胡椒をし、オリーブオイルを熱した鍋でソテーする。
7　器に4のソースをしき、6のスズキを盛り、5をのせる。4のソースを周りにちらし、オリーブオイルをかける。

Pesce bianco

# ヒラスズキのオーブン焼き
# ローズマリーとレモンの風味

**chef** 和氣 弘典

スズキは、皮目をしっかり目に焼かないと特有の臭いがありますが、ここでは臭みのないヒラスズキを使い、オーブンでさっと焼き上げました。フィレに包丁をしたら、両面に塩をし、レモンとローズマリーを切れ目に入れてレアに焼き上げます。身から肉汁が出てきますので、下に焼いたじゃが芋をしき、吸わせるようにします。

### 材料／4人分

ヒラスズキ（フィレ）　100g × 4枚
ローズマリー　8枝
レモン　1個
じゃが芋　4個
E.X.V. オリーブオイル　適量
塩　適量
ローズマリー（飾り用）　適量

### 作り方

1　ヒラスズキは、皮目に4か所包丁を入れ、ローズマリーと半月切りのレモンスライスをはさみ、塩をふって5分ほど置いておく。
2　じゃが芋は皮つきのまま塩茹でにし、茹で上がったら皮をむき、輪切りにしておく。
3　天板に2のじゃが芋を並べ、その上に1をのせ、オリーブオイルをたらし、170℃のオーブンで焼き上げる。
4　器に盛り付け、カットレモンとローズマリーを添える。

Pesce bianco

# メカジキのカツレツ　パレルモ風

chef 岡村 光晃

シチリアでは、メカジキは肉代わりのように食べられることが多い魚です。写真のメカジキは、料理名に"カツレツ"とありますが、油で揚げたり、多めの油で焼いているものではありません。"パレルモ風"とあるように、パレルモなど、シチリアでは、パン粉をまぶしてグリルで焼くカツレツ風の料理があります。油で揚げない分、さっぱりと食べられます。

## 材料／2人分

メカジキ（フィレ）　2切れ
塩・胡椒　各少々
パン粉、オレガノ　各適量

ベビーリーフ、フルーツトマト（1/4カット）、
　パルミジャーノチーズ　各適量
ピスタチオ（細かく砕いたもの）　適量
レモン　1/2個

## 作り方

1　メカジキは軽く塩、胡椒をし、パン粉をまぶし、オレガノをたっぷりふる。
2　グリルパンを熱し、1をのせて両面にしっかり焼き目をつける。
3　器に2を盛り、ベビーリーフ、フルーツトマト、削ったパルミジャーノチーズを脇にのせ、レモンを添えてピスタチオをふる。

Pesce bianco

# 詰め物をしたカジキマグロのグリル サルモリッリョ

chef 和氣 弘典

南の地方に伝わる古典的な料理です。叩いて薄くのばしたメカジキの身で、メカジキの端身、パン粉、松の実などを合わせた詰め物を巻いて焼き上げます。カジキは加熱すると身がパサ付きやすいので、詰め物のパン粉にオリーブオイルを染み込ませるようにします。これはたっぷりのオリーブオイルとにんにく、レモン、ハーブ類を合わせたシチリアの地のソースで味わいます。

材料／4人分

カジキマグロ　600g
タイム　適量
にんにく（みじん切り）　1/2片分
玉ねぎ（みじん切り）　50g
パン粉　30g
イタリアンパセリ（みじん切り）　5枚分
バジリコ（みじん切り）　4枚分
松の実　15g
スカモルツァ・アフミカート　50g
E.X.V. オリーブオイル　適量
イタリアンパセリ（飾り用）　適量

〈サルモリッリョソース〉
E.X.V. オリーブオイル　50cc
レモン汁　20cc
にんにくオイル　1cc
イタリアンパセリ（みじん切り）　5枝分
ドライオレガノ　一つまみ
塩・胡椒　各適量

作り方

1　カジキマグロは皮を取り、1cm厚さくらいにスライスし、肉叩きで叩きのばす。10cm×12cmの長方形に切り揃え、切れ端100g程度は粗く刻む。
2　鍋にオリーブオイルを熱し、にんにくと玉ねぎをしんなりするまで炒める。
3　1で刻んだカジキマグロの切れ端、パン粉、イタリアンパセリ、松の実を加え、軽く炒め、塩、胡椒をする。
4　3をボールに移し、粗く刻んだスカモルツァとバジリコを加え、混ぜ合わせる。
5　1ののばしたカジキマグロの身を広げ、塩、胡椒をし、4の詰め物を等分して握ってまとめ、カジキマグロの身の上にのせてロール状に巻く。
6　タイムとオリーブオイルをまぶし、冷蔵庫で1時間ほどマリネする。
7　6はハーブを付けたままグリルし、詰め物のチーズが溶け出すまで焼く。オーブンで焼き上げてもよい。
8　オリーブオイル、レモン汁、にんにくオイル、イタリアンパセリ、ドライオレガノを混ぜ合わせ、塩、胡椒で味を調えソースとする。
9　器に7を盛り、8のサルモリッリョをかける。イタリアンパセリを添える。

Pesce bianco

# ホウボウのセモリナ粉焼き 空豆のソース

chef 鈴木 弥平

ホウボウは、フィレの身側にセモリナ粉を付けて焼くことで、皮目も身側の表面もカリカリに、中はしっとりと仕上がります。常に一つの皿の中に食感の差を表現したいと考え、空豆をソースにするという発想を得ました。ホウボウ、豆の形をある程度残したソース、生ハムのクロッカンテの異なる食感と味が調和して、新しい美味しさが生まれます。

## 材料／4人分

ホウボウ　1尾
塩、白胡椒、E.X.V オリーブオイル、
セモリナ粉　各適量
空豆　400g
エシャロット（薄切り）　20g
昆布水　適量
バジリコ　2枚
ブロード・ディ・ペッシェ（182ページ参照）
　100cc
生ハム（スライス）　5枚

## 作り方

1. ホウボウをさばく。ウロコは金タワシで取り、頭を落として腹を開き、内臓を取り除いて三枚におろす。皮を引いて腹骨（4〜5本）を取り除く。胴に丸みがある魚だが、スズキなど平たい魚と同様に三枚におろせばよい。
2. 1は焼く直前に塩、胡椒をふり、身の側にオリーブオイルをぬり、セモリナ粉を付ける。皮目はそのままにする。[写A]
3. フライパンにオリーブオイルを熱し、2のホウボウを皮目から入れて反らないように手で軽く押さえながら焼く。温度は180〜200℃が目安で、オリーブオイルが湧いたら弱火にし、熱くなりすぎたらフライパンを濡れ布巾にとって冷まして温度調節をする。[写B]
4. 皮目がパリッと焼けたら、裏返して強火でサッと火を通し、キッチンペーパーに上げる。
5. 空豆は皮をむき、軽く塩をふっておく。水分が出たらさっと水洗いする。[写C]
6. 鍋にオリーブオイルを熱してエシャロットを炒め、香りが出たら4の空豆を加える。
7. 空豆に油が回ったら昆布水とバジリコを加え、スパチュラで豆をつぶしながら煮る。ペースト状にはしないで、豆の食感が残るようにつぶす。煮詰まったらブロードで水分を調整する。[写D]
8. 塩で味を調え、みじん切りにした生ハム（1枚）とオリーブオイルを加え、オリーブオイルを加え、しっかりと乳化させる。
9. 生ハム（4枚）はオーブンで加熱し、クロッカンテを作る。
10. 皿に8の空豆のソースをしき、4のホウボウを盛り付け、9のクロッカンテを1皿につき1枚添える。

A

ホウボウは、身側も皮の側と同じ状態に火を入れたいので、パン粉を付けてコーティングする。

C

空豆は、茹でる前に塩をしてアク抜きをする。豆の色も美しく出すことができる。

E

ソースには生ハムのみじん切りも加える。塩味は塩だけだと単調になるため、生ハムやカラスミなどの塩蔵物を利用し、独特の塩けや風味を加えて味に奥行きを持たせる。

B

ホウボウのように身に厚みのある魚はフライパンを斜めに傾けてヘリ部分を利用して焼くとよい。

D

空豆に昆布水を加え、煮詰まったらブロードを足す。魚料理のソースに昆布水を利用すると、昆布に含まれるグルタミン酸が魚の持つイノシン酸と相乗効果を発揮して、格段にうま味が膨らむ。

Pesce<br>bianco

## 金目鯛のウロコ焼き香草風味
## 焼きトマトとにんにくオイルソース

 和氣 弘典

　身がやわらかく脂ののった金目鯛を、にんにくと香草の香りで皮もウロコも楽しませる料理です。金目鯛は身にはクセがありませんが、深海に棲む魚の常として、身と皮の間に独特のクセがあります。このクセは火を入れることでうま味に変わるので、ウロコとともに楽しませるよう、皮目に150℃の油をかけて火を通し、仕上げに炭火で炙ってウロコに残った余分な油を落としあっさりと仕上げるようにします。この手法は、深海に棲む他の魚にも応用できます。

## 材料／4人分

金目鯛　80g×4枚
フルーツトマト　4個
シブレット　適量
セルフィーユ　適量
イタリアンパセリ　適量
ピンクペッパー　適量
にんにく（みじん切り）適量
E.X.V. オリーブオイル　適量
塩　適量
EXV オリーブオイル（揚げ油用）　適量

## 作り方

1 　金目鯛は頭、内臓を取って水洗いし、ウロコを付けたまま3枚におろし、80gにカットしておく。
2 　1の金目鯛は、ウロコを軽く指で立たせる。［写A］
3 　オリーブオイルを火にかけ、155～160℃に保ちながら、2の魚のウロコの付いている逆の方向から数回にわたってかけ、ウロコが透き通ってカリカリになるまで、5～6回行う。［写B］
4 　ウロコに火が通ったら、160℃のオーブンに身を上にして入れ、身の方に火を入れる。［写C］
5 　身に火を入れたら網で挟み、炭火を入れた容器の上でウロコの面を炙り、ウロコの隙間に残っている油を落としながら、炭の香りを付ける。［写D］仕上げにウロコ面に塩をふる。
6 　フルーツトマトは、オーブンで焼いておく。
7 　器に刻んだシブレット、セルフィーユ、イタリアンパセリをしいてピンクペッパーをふり、金目鯛をのせる。
8 　鍋ににんにくとオリーブオイルを入れて火にかけ、香りを出したら7にかける。6のトマトを添える。

A

金目鯛のウロコは、立たせるときに力が強すぎると、火を入れた時にがとれてしまうので、やさしく行う。

B

油の温度は、低いとウロコがよく立たず、逆に高いとはがれてしまうので、150℃ｇが最適。また油をかけたときに身が縮んだら、しばらくおいて身が戻ってから次のオイルをかける。

C

身を裏返すときは、ウロコが落ちやすいので、パレットナイフなどを使うと作業しやすい。

D

金目鯛のウロコに残った油を落とすときは、炭火の容器の縁で、金目鯛を挟んだ網を軽く叩くようにして炙る。

**Pesce bianco**

## 金目鯛のサフランソース野菜添え

chef 鈴木 弥平

金目鯛は身に脂が多く、濃厚なうま味が特徴です。反らないよう押さえながら皮目から焼き、重しをして弱火でゆっくり火を入れると、きれいに焼き上がります。独特の香りを持ち、水に溶かすと鮮やかな黄色を呈するサフランを使うソースは、仕上げに生クリームを加えて味をやわらかくします。このソースは金目鯛のほかに、真鯛、真鱈などの白身魚や、ホタテにもよく合います。

**Pesce bianco**

## クエの鱗焼き

chef 北村 征博

ハタの仲間の高級魚クエを、塩でシンプルに楽しませる料理です。クエに限らず、ハタやアラなどのハタ系の魚を使うときのポイントは、肉のように寝かせて熟成させること。4kgくらいのものでも、サラシを巻いてラップし、冷蔵庫で1～2週間寝かせることで、身はやわらかく、うま味も出てきます。さらに、ウロコにゼラチン質を持っていますので、多めの油の中で、皮目8対身2の割合でソテーすると、ウロコが立ってパリッと焼き上がり、香ばしさも増します。

Pesce bianco

### カサゴのグアゼット

chef 鈴木 弥平

カサゴは白身で、1年を通して美味しく、味は非常に上品です。触ると硬くエラが鮮紅色のものが新鮮です。煮込むとカサゴの水分が逃げてしまうため、ソテーしてソースは敷いています。その分ソースはしっかり煮込み、食感と香りを大切にしてあえて漉さずに粗さを残しています。イトヨリ、マダイなど白身でやさしい味の魚ならば、どれでも応用が効きます。

Pesce bianco

### パンチェッタでロールしたカサゴのロースト　モスタルダ風味

chef 臼杵 哲也

カサゴは美味しい魚ですが、高価な割には歩留まりが悪く、上品なコース料理でもフィレでは満足感が出ないため出すのが難しいもの。そこで、満足感を出すにはどうすればいいかと考えて作った料理です。カサゴは皮付きのままで皮目を湯引きし、反った身を利用してモスタルダを包み込み、ローストして味の複雑さと見た目のボリュームを出しました。

## 金目鯛のサフランソース　野菜添え

材料／4人分

金目鯛（フィレ）　120g
塩・白胡椒　適量
E.X.V. オリーブオイル　適量
芽キャベツ、カリフラワー、ブロッコリー、
　アスパラガス、プチヴェール、いんげん
　各適量

〈サフランソース〉
サフラン　適量
バター、エシャロット　各適量
ブロード・ディ・ペッシェ（「鱈とキャベ
　ツの軽い煮込み」を参照）　適量
生クリーム　適量

作り方

1　金目鯛は、焼く直前に塩、胡椒をする。
2　フライパンにオリーブオイルを熱し、金目鯛を皮目から入れて反らないように手で軽く押さえながら焼く。落ち着いたら重しをして弱火で焼き、皮目がパリッと焼けたらオーブンに移して中まで温まるくらいに2〜3分火を通す。
3　野菜類は食べやすい大きさにカットし、鍋に水とともに入れて蒸し煮にし、湯を捨ててオリーブオイルを加えて香りを付け、塩で味を調える。
4　サフランソースを作る。サフランは適量の水(分量外)で色出ししておく。
5　鍋にバターを熱してエシャロットを炒め、香りが出たら、ブロード・ディ・ペッシェと4を加えて煮る。
6　色が出てきたら漉し、生クリームを加えて塩で味を調え、バターを加え乳化させる。
7　皿に6のソースを敷き、2の金目鯛を盛り付け、周りに3の野菜を飾る。

## クエの鱗焼き

材料／1人分

クエ（フィレ）　150g
E.X.V. オリーブオイル　大さじ2
塩　適量

作り方

1　熟成させたクエはフィレにし、皮目に切れ込みを入れ、身に塩をする。
2　フライパンでオリーブオイルを熱し、1を皮目から焼く。
3　ウロコがカリッと焼けたら裏返し、火を止めて余熱で火を通す。
4　器に盛り付け、仕上げに塩をする。

# カサゴのグアゼット

材料／4人分

カサゴ　4切れ
にんにく　10片
生クリーム　20cc
塩　適量

〈グアゼットソース〉
玉ねぎ（スライス）　3個分
E.X.V. オリーブオイル　適量
アンチョビ　2瓶
パスティス（香草リキュール）
　200cc
エビのだし（右参照）　1ℓ
ブロード・ディ・ペッシェ（「鱈とキャ
　ベツの軽い煮込み」を参照）　1ℓ
タイム　適量
トマトホール　1缶
ウイキョウの葉　適量

作り方

1　カサゴはウロコを落とし、エラと内臓を外して三枚におろし、腹骨をすき取る。この身を4枚用意する。
2　にんにくは5回お湯で茹でこぼして、生クリーム、塩と一緒にミキサーでまわしてなめらかなペースト状にする。
3　グアゼットソースを作る。オリーブオイルを熱した鍋で玉ねぎを炒め、アンチョビを潰すようにして加える。
4　パスティスを加えてアルコール分を飛ばし、エビのだしとブロード・ディ・ペッシェ、タイム、トマトホールを加えて煮詰める。
5　フライパンにオリーブオイルを敷き、1のカサゴを皮目から入れて焼く。最初は身が反らないように手で押さえながら焼き、落ち着いたら蓋をのせて焼く。皮目がカリッと焼き上がったら返して、全体に8割方火を通す。
6　4のグアゼットソースを皿にしき、5のカサゴを盛り付け、2のペーストを添えてウイキョウの葉を飾る。

---

**エビのだし**

〈材料〉仕込み量
エビの頭と殻　適量
E.X.V. オリーブオイル　適量
ブランデー　少々
玉ねぎ（1cm角切り）　1/4個
セロリ（1cm角切り）　1/3個
人参（1cm角切り）　1/4個
水　1ℓ

〈作り方〉
1　オリーブオイルを熱した鍋で、エビの頭と殻を炒める。全体的に色づいてきたら、ブランデーを加えてアルコールを飛ばす。
2　1の鍋に、玉ねぎ、セロリ、人参を加えて軽く炒める。
3　2の鍋に水を加えて煮込み、シノワで漉してエビと野菜のエキス分を出し切る。
4　3は鍋に入れて火にかけ、1/3量くらいまで詰める。取れたら冷蔵庫で保存する。

---

# パンチェッタでロールしたカサゴのロースト モスタルダ風味

材料／1人分

カサゴ（40gくらいのフィレ）　2枚
パンチェッタ（スライス）　2枚
トレビス　適量

〈玉ねぎのモスタルダ風味〉
玉ねぎ（スライス）　1個分
リンゴのモスタルダ　適量
塩・胡椒　各適量

作り方

1　玉ねぎのモスタルダ風味を作る。玉ねぎはオリーブオイル少々を熱した鍋で、弱火で炒め、少し色付いて甘みが出てきたら火から外し、モスタルダを加え、塩・胡椒で味を調える。
2　カサゴは、皮目に熱湯をかけて氷水に落とす。
3　2は水けを拭き取り、片方の皮目に1をのせる。そこに残りのカサゴを皮目を合わるようにはさみ、パンチェッタで巻き、楊枝で留める。
4　180℃のオーブンで火を通す。
5　トレビスは適当な大きさにカットしてボウルに入れ、塩・胡椒とオリーブオイルで和え、器に盛る。その上に4をのせ、オリーブオイルを回しかける。

## バッカラ　イン　ウミド

chef 和氣 弘典

バッカラを使ったヴェネトの伝統料理といえば、牛乳で煮たビツェンツァ風、それにオイルを加えてペースト状にしたマンテカート、そしてトマト煮のこの料理です。この料理では、身が厚くて白いものを使います。弱火で2～3時間煮ますので、鍋底に接する身が焦げ付かないよう、もどしたときに外した皮を鍋にしいてから身をのせるのがコツです。

## 鱈とキャベツの軽い煮込み

chef 鈴木 弥平

淡泊な鱈には、香りの良いクミンパウダーと薄力粉をまぶし、焼いてから煮込みます。ソースを別添えする料理ではなくソースの中で煮込む手法なので、焼くときにはたっぷりのオリーブオイルで揚げるようにして全面をしっかり焼き、香ばしい香りもソースの味として取り込みます。火が入りすぎると身が割れてくるため、弱火で軽く煮込むのがコツです。

Pesce bianco

## 鱈のコンフィ

chef 鈴木 弥平

身の脂肪分が1％以下と少なく、加熱するとパサパサした食感になりやすい鱈は、下処理後にタイム、にんにく、オリーブオイルとともに真空にかけ、64℃で60分コンフィにして味をしみ込ませてから、オリーブオイルで表面をカリッと焼き、オーブンで中まで火を通します。低温でじっくり火を入れることで驚くほどふっくら、しっとりと仕上げられます。

---

Pesce bianco

## タラとじゃが芋のメッシーナ風

chef 岡村 光晃

タラとじゃが芋は相性のよい組み合わせで、ヴェネツィアなど、北イタリアでもよく出会う料理ですが、もちろんシチリアでもポピュラーな組み合わせです。メッシーナ風としたのは、トマトを使うためですが、北イタリアではトマトを入れないことが多いです。イタリアでは干し鱈もよく使われますが、ここでは塩鱈をじゃが芋と煮込み、塩鱈の塩分と魚の出し、トマト、ケッパー、オリーブなどの酸味という、シンプルな調味で仕上げました。

### バッカラ イン ウミド

材料／4人分

バッカラ（2〜3日間水を取り替えながら
　戻したもの）　500g
トマトソース　125g
E.X.V. オリーブオイル　適量
アンチョビ（フィレ）　30g
塩漬けケッパー（水で塩抜きしたもの）
　10g
牛乳　90cc
E.X.V. オリーブオイル　適量
イタリアンパセリ　適量

ポレンタ粉　適量
水　適量

作り方

1　戻したバッカラは、骨、皮を取り除く。皮は取っておく。
2　バットに水、オリーブオイルをしき、1で取っておいた皮をしきつめ、その上に1のバッカラの身を並べる。
3　鍋にオリーブオイル、アンチョビ、ケッパーを入れて炒め、香りが出たらトマトソースを加えて煮込み、ソースとする。
4　2のバッカラの上に3を入れ、さらにバットの端から牛乳を流し込む。
5　オリーブオイルをふりかけ、アルミホイルで蓋をして130℃のオーブンで、2〜3時間煮込む。
6　鍋にお湯を沸かしてポレンタ粉を入れ、焦がさないよう弱火で煮てポレンタを作る。水分が少なくなったら水を足しながら煮る。
7　器に6のポレンタを盛り、5のバッカラの身をのせる。イタリアンパセリを飾る。

### 鱈とキャベツの軽い煮込み

材料／4人分

鱈（真鱈）　4切れ
クミンパウダー　適量
薄力粉　適量
E.X.V. オリーブオイル　適量
エシャロット（薄切り）　60g
バター　適量
キャベツ　8〜12枚
ブロード・ディ・ペッシェ　320cc
塩　適量

作り方

1　鱈は均一にクミンパウダー、薄力粉の順にまぶす。キャベツは大きめにざく切りにして沸騰した湯でさっと茹で、取り出して水けを拭いておく。
2　フライパンにオリーブオイルを熱し、1の鱈を入れて強火で表面をしっかり焼く。
3　鍋にエシャロットとバターを入れて炒め、香りが出たら下茹でしたキャベツとブロード・ディ・ペッシェ、クミン、2を加え、蓋をして弱火で5〜10分煮込む。
4　鱈に火が入ったら、取り出して塩でソースの味を調える。バターとオリーブオイルを加えて水分を乳化させ、クミンパウダーで香りを付けてソースとする。
5　ソースを皿にしき、タラを盛り付ける。

---

**ブロード・ディ・ペッシェ**

〈材料〉仕込み量
白身魚のアラ　3kg
水　2ℓ
玉ねぎ　1/2個
人参　1/2本
セロリ　1本
タイム　1枝

〈作り方〉

1　白身魚のアラは内臓、血合い、エラを取り除き、水（分量外）に1時間さらしておく。
2　鍋にアラとアラが浸るくらいの水を入れて沸かし、一度茹でこぼす。さらに2時間水（分量外）にさらして不純物を取り除く。
3　鍋に2のアラと水2ℓ、野菜とタイムを入れて沸かす。沸いたら弱火にして30分ほど煮込み、1/3量くらいになったらシノワで漉す。

## 鱈のコンフィ

材料／4人分

鱈(真鱈) 4切れ
タイム、にんにく、E.X.V. オリーブオイル
　各適量
京ねぎ 1本
バター、塩、白胡椒 各適量

〈チャルダ〉
卵白 10g
パルミジャーノ 15g
タイム 1枝

作り方

1 鱈は塩をふって1時間締めてから、30分水にさらす。吸水シートで包んで冷蔵庫で1日寝かせる。
2 1とタイム、刻んだにんにく、オリーブオイルを一緒に真空調理用の袋に入れ、真空器にかけて、64℃のスチームコンベクションオーブンで60分蒸す。
3 ソースを作る。京ねぎはやわらかくなるまで塩茹でして小口切りにし、バターでゆっくり炒める。とろりとしたら塩、胡椒で味を調える。
4 チャルダを作る。卵白、パルミジャーノ、タイムをむらなく混ぜ、オーブンペーパーで挟んで麺棒で薄くのばす。オーブンペーパーに挟んだままでオーブンで焼き、カリカリに仕上げる。
5 2の鱈の身が壊れないようにやさしく水けを拭き取り、オリーブオイルを熱したフライパンに皮目からのせて焼く。焼き色が付いたら、オーブンで中まで温める。
6 3のソースを皿にしいて5のタラを盛り付け、チャルダを飾る。

## タラとじゃが芋のメッシーナ風

材料／2人分

鱈(塩鱈) 半身
小麦粉 適量
オリーブ 5g
じゃが芋(メークイン) 3個
ケッパー 5g
ホールトマト 250cc
白ワイン 150cc
ソフリット(玉ねぎ、セロリ) 適量
塩・胡椒 各少々

作り方

1 塩鱈は、食べやすい大きさに切り分け、表面に粉を付けてさっと焼く。
2 鍋で玉ねぎとセロリのみじん切りをしっかり炒めてソフリットを作り、その中に1と1cm厚さに切ったじゃが芋、ケッパー、ホールトマト、白ワインを入れて1時間ほど煮込む。
3 塩・胡椒で調味して盛り付ける。

| Pesce azzuro |

## パレルモ風イワシのベッカフィーコ

chef 今井 寿

パレルモの家庭から生まれた、シチリア島の伝統料理です。詰め物をのせて魚の形に閉じたり、詰め物をのせてくるくる巻いたり、2尾で挟んだりする方法もあります。またフライにする手法とオーブン焼きの手法があり、フライは島の西部の料理です。前菜として紹介されることが多いのですが、大きめに作り、つけ合せを添えればセコンドピアットにできます。

| Pesce azzuro |

## カジキマグロのグリル　バルサミコソース 松の実入りパン粉添え

chef 臼杵 哲也

カジキマグロはそのままグリルするとパサ付きますので、野菜でマリネしてから焼くと、身の余分な水分が抜けてうま味が増し、焼き上がりがしっとりとします。また魚自体が淡白で単純な味わいなので、ソースは複雑な味わいのものを合わせます。バルサミコ酢を煮詰めただけのものよりも、野菜とアンチョビを加えると、まろやかで深みも加わります。

| Pesce azzuro | ## サバのサフラン煮込み | chef 北村 征博 |

日本で馴染みの深いサバは、イタリアでも身近な素材。家庭ではトマト煮にしたり、燻製にしたり、パスタソースに使ったりとよく使われます。サフランで煮たこの料理は、一見すると「サバの味噌煮」のような印象。青魚特有の臭みを、サフランが消してくれます。どこか懐かしい味わいで、年配のかたにも楽しんでいただけると思います。ここでは白いんげん豆をつぶしたものを添えました。

| Pesce azzuro | ## ニシンのストゥルーデル | chef 北村 征博 |

ウイーン菓子のシュトゥルーデルに似たこの料理は、オーストリアの影響を強く受けた北イタリアの料理です。ニシンは小骨が多い魚ですので、気にならないよう、ストゥルーデルのように生地で巻いてサクッと焼き上げ、パリッとした新鮮な野菜を合わせます。またニシン自体も脂が強く独特のクセがありますので、ディルやセルフィーユなどをきかせた香草マヨネーズを挟むことで、食べやすく仕上げました

## パレルモ風
## イワシのベッカフィーコ

材料／4人分

イワシ　800g
生パン粉　100g
レーズン（ぬるま湯で柔らかくしたもの）
　50g
松の実（ローストしたもの）　50g
アーモンドスライス（ローストしたもの）
　50g
ケッパー（水で塩ぬきしたもの）　50g
黒オリーブ（種を取ったもの）　50g

イタリアンパセリ（調理用。みじん切り）
　50g
レモンの皮（すりおろし）　1個分
レモン果汁　適量
ローリエ　適量
揚げ衣（小麦粉・卵・乾燥パン粉　各適量）
E.X.V. オリーブオイル　50cc
塩・胡椒　各適量

トマトソース　適量
イタリアンパセリ（飾り用）　適量

作り方

1　イワシは胸ビレの後ろから頭を落とし、腹に庖丁を入れて内臓をかき出す。水洗いし、開いて中骨を取り、腹骨をすき取る。背ビレは歯に当るので、むしっておく。
2　フライパンにオリーブオイルを熱し、1のイワシのうち50gを入れ、塩をして炒める。
3　両面を焼いたら、取り出してミキサーにかける。
4　3をボールに入れ、生パン粉、レーズン、松の実、アーモンド、ケッパー、黒オリーブ、イタリアンパセリ、レモンの皮と果汁を加え、よく混ぜ合わせる。
5　1の残りのイワシの身の方に塩をして馴染ませ、4をのせる。もう片方の身で閉じるようにして軽く押さえる。
6　5に揚げ衣をつけ、油で揚げる。火が通ったら取り出し、油をきる。
7　トマトソースを器に流し、6は食べやすいよう半分にカットして盛る。イタリアンパセリを飾る。

## カジキマグロのグリル
## バルサミコソース
## 松の実入りパン粉添え

材料／1人分

カジキマグロ　100g
玉ねぎ（スライス）　少々
人参（スライス）　少々
セロリ（スライス）　少々
塩　少々
グリーンアスパラ　適量
ヤングコーン　適量
なす　適量

〈松の実入りパン粉〉
パン粉　30g
松の実　小さじ1
オリーブオイル　少々

〈バルサミコソース〉
玉ねぎ（スライス）　1/2個
にんにく（スライス）　1片
セロリ（皮をむいてスライス）　1/3本
アンチョビ　2枚
バルサミコ　90cc
E.X.V. オリーブオイル　90cc

作り方

1　松の実入りパン粉を作る。フライパンに材料を入れ、中火の弱火でパン粉がきつね色になるまで炒める。
2　バルサミコソースを作る。鍋にオリーブオイルとにんにくを入れて火にかける。にんにくが色付いたらアンチョビを加えて炒める。
3　玉ねぎ、セロリを加えて炒め、バルサミコとオリーブオイルを加え、沸騰したら火を止め、ミキサーにかける。
4　カジキマグロは、玉ねぎ、人参、セロリと塩少々で、一晩マリネしておく。
5　翌日、余分な水けを拭き取り、表面にオリーブオイルをぬり、グリル板で両面を香ばしく焼き上げる。付け合せのグリーンアスパラ、なす、ヤングコーンもグリルする。
6　5のグリルした野菜を器にしき、5のカジキマグロを盛り、1をのせる。周りに3のソースを流す。

## サバのサフラン煮込み

**材料／1人分**

サバ（フィレ）　200g
フレッシュトマト　中1個
サフラン　二つまみ
塩　3g
E.X.V. オリーブオイル　小さじ1
カンネッリーニ（水で戻し、塩水でやわらかく煮たもの）　ティースプーン2

**作り方**

1. サバは、塩をして10分休ませる。
2. 1のサバ、トマト、サフラン、塩、オリーブオイルを鍋に入れ、火にかけて煮る。
3. カンネッリーニは、鍋で温めて軽くつぶす。
4. 2のサバが煮えたら器に盛り、3のカンネッリーニを添える。

## ニシンのストゥルーデル

**材料／1人分**

ニシン　半身
塩　適量
ストゥルーデル生地（下記参照）　35g

〈香草マヨネーズ〉5人分
卵黄　1個
白ワインビネガー　小さじ1
マスタード　小さじ1
塩　少々
サラダ油とE.X.V. オリーブオイルを割ったもの　適量
ディル　一掴み
セルフィーユ　一掴み
チャイブ　一掴み
ルーコラ　一掴み

溶かしバター　少々
パン粉（粗めのもの）　少々

〈ストゥルーデル生地〉32人分
強力粉　600g
卵　1個
水　400g
生クリーム　100g
塩　少々

〈付け合せサラダ〉
サラダミックス　30g
赤玉ねぎ（スライス）　20g
白ワインビネガー　少々
塩　少々
E.X.V. オリーブオイル　小さじ1

**作り方**

1. ストゥルーデル生地を作る。材料全てをボールで混ぜ合わせ、乾燥しないようにして常温で2時間休ませておく。
2. ニシンの下処理をする。ニシンは重量の1％分の塩をふりかけ、1時間置いておく。
3. 香草マヨネーズを作る。香草類はザク切りにする。残りの材料を合わせてマヨネーズを作ったら、刻んだ香草を入れてさっくりと混ぜ合わせる。
4. クッキングペーパーを広げ、1の生地に粉を付けながら、手で薄く四角くのばす。
5. 4の生地に溶かしバターをぬり、パン粉をふりかけたら、2のニシンの水けを拭いたもの、3の香草マヨネーズの順に2段に重ねる。
6. 生地でニシンを巻いて端を折り畳んだら、表面にもバターをぬり、200℃のオーブンで25分ほど焼く。
7. 付け合せのサラダを作る。野菜類を合わせ、ビネガー、塩、オリーブオイルで味付けする。
8. 器に7をのせ、6のストゥルーデルを盛り付ける。

Pesce magro

## マグロのタリアータ バルサミコソース

chef 鈴木 弥平

シチリアでは、肉のような感覚でマグロが使われています。ごまもよく食べられていますので、ここでは相性が良いマグロとごまでタリアータを作ります。マグロは赤身を使い、にんにく、タイム、オリーブオイルでマリネし、ごまを付けて表面全部を強火で焼き、中はほぼレアに仕上げます。甘みと香りが豊かなバルサミコソースを付けると、ぐっと味わい深くなります。

Pesce magro

## マグロの白ごま風味 赤玉ねぎのアグロドルチェ添え

chef 和氣 弘典

マグロの赤身に白ごまをまぶし、レアに焼き上げた伝統料理です。南イタリアでは、魚や貝を生で食べる料理がたくさんありますが、保存法のためか生臭いものも多いので、それを打ち消すためにレモン、ビネガーやにんにくなどを合わせるのが特徴です。伝統的な料理のスタイルに従って、ここでは赤玉ねぎのアグロドルチェを添えました。

Pesce magro

## マグロとフェンネルシードのフライパン焼き

chef 北村 征博

イタリア半島の東の付け根、フリウリ＝ヴェネツィア・ジュリアに伝わる郷土料理です。マグロはごまをふって焼く南の料理が有名ですが、こちらの料理はフェンネルシードをまぶして鉄板焼きにします。脂ののった中トロは、香辛料があるとより食べやすくなる上に、フェンネルシードは食べ慣れない人にも意外なほど好相性です。赤身でも美味しく作れます。

Pesce magro

## マグロのカマのロースト

chef 岡村 光晃

マグロは南イタリアでよく食べられる魚です。もちろん、カマも食べますが、味が強いためでしょうか、日本のように丸ごと出すという店はほとんどありません。よいカマが入手できたときは、香草オイルでマリネして、塊のまま豪快にローストして提供します。飾りにはオレンジを添えましたが、これは、南イタリア伝統のハレの日のメニューの飾り付けです。

## マグロのタリアータ　バルサミコソース

材料／4人分

マグロの赤身　4切
にんにく、タイム、E.X.V. オリーブオイル
　　各適量
白ごま　50g

〈バルサミコソース〉
バルサミコ酢（12年物）、水　各50cc
E.X.V. オリーブオイル、シャンタナ粉　各
　　10g

赤ピーマン　1/4個
ズッキーニ　1/4本

作り方

1　マグロは、スライスしたにんにく、タイムをちらし、オリーブオイルをふってマリネし、冷蔵庫で1日置く。
2　1の表面の水けを拭き取り、オリーブオイルを均一にぬり、むらなく白ごまをまぶす。
3　オリーブオイルを熱したフライパンで、2のマグロの全面を強火で素早くカリッと焼き、中はレアの状態に仕上げる。
4　バルサミコソースを作る。ミキサーに材料をすべて入れて回し、なめらかに乳化させる。
5　赤ピーマンとズッキーニはそれぞれに5mm角に切る。ズッキーニは下茹でする。
6　3のマグロをカットして皿に盛り、表面にオリーブオイルを薄くぬる。マグロの周りにバルサミコソース、赤ピーマン、バルサミコソース、ズッキーニという順に彩りよく盛り付ける。

## マグロの白ごま風味　赤玉ねぎのアグロドルチェ添え

材料／4人分

マグロ赤身（切り身）　400g
白ごま　100g
E.X.V. オリーブオイル　適量
塩・胡椒　各適量

〈赤玉ねぎのアグロドルチェ〉
トロペア（赤玉ねぎ）　300g
赤ワインビネガー　150cc
グラニュー糖　60g
ローズマリー　適量

作り方

1　鍋にオリーブオイルを熱し、厚めにスライスした赤玉ねぎをしんなりするまで炒める。
2　ビネガー、グラニュー糖を加え、さらに10〜15分弱火で煮込み、冷ましておく。
3　マグロは塩、胡椒をして白ごまをまぶし、油をしかないテフロンのフライパンでさっと焼き、レアの状態に仕上げる。
4　器にカットした3のマグロをのせ、2の赤玉ねぎのアグロドルチェを盛る。2の煮汁を流し、ローズマリーを飾る。

## マグロとフェンネルシードのフライパン焼き

材料／1人分

マグロ　150g
フェンネルシード　2g
塩　適量
E.X.V. オリーブオイル　小さじ1

作り方

1. マグロはフェンネルシードをまぶし、オリーブオイルを熱したフライパンで両面を焼く。
2. 表面に焼き色が付いたら取り出し、カットして塩をふる。
3. 器に盛り付け、オリーブオイルをかける。

## マグロのカマのロースト

材料／4～5人分
マグロのカマ　約2kg

〈香草オイル〉
タイム、オレガノ、セージ、ローズマリー、
　マジョラム、ニンニク、オリーブオイル
　　各適量

オレンジ、レモン　各1個
フルーツトマト　適量
ピスタチオ　適量

作り方

1. 香草オイルの材料をフードプロセッサーに入れて混ぜる。
2. マグロのカマを香草オイルで約40分マリネする。
3. 2を170～180℃に予熱したオーブンで30～40分ローストする。
4. 器に3をのせ、周りにスライスしたオレンジとレモン、カットしたフルーツトマトをのせ、細かく砕いたピスタチオをふる。

Pesce magro

## サーモンとタレッジョ　茸のパイ包み焼き 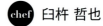 臼杵 哲也

サーモンに、塩けのあるタレッジョを組み合わせてパイ包み焼きにした一品で、本来この料理は中央にチーズだけを詰めておつまみにしたりもします。チーズはいろいろなものが使えますが、試した結果、茸とサーモンには、チーズとしてはタレッジョが最もよく合うことが分かり、よく使っています。サーモン、茸にチーズという食感の違いが楽しめる料理です。

### 材料／1人分

パイシート（15cm×15cm大）　1枚
サーモン（切り身）　50g
タレッジョ　30g
茸（椎茸、舞茸、しめじなど適宜）　30g
塩・胡椒　各適量
E.X.V. オリーブオイル　適量
卵黄　適量
小麦粉　少々

〈付け合せ〉
サラダなど　適量

### 作り方

1　生パイシートは2mm厚さにのばし、15cm角に切りそろえる。
2　サーモンの切り身は塩・胡椒をして、オリーブオイルを熱したフライパンで表面に焼き色を付け、冷ましておく。
3　1のパイシートを広げ、2と茸類をのせる。その上にタレッジョをのせ、パイの縁に水で溶いた卵黄をぬり、四隅を持ち上げて包む。表面にも卵黄をぬる。
4　天板にオリーブオイルをぬり、小麦粉をふりかけて余分な粉を落とし、その上に3をのせる。
5　220℃に余熱したオーブンに入れて10分焼き、温度を180℃に落として6分焼く。
6　器に盛り付け、サラダなどを添える。

Pesce bianco

# アンコウのロースト

 鈴木 弥平

アンコウは大きい方が味が良いため、10kg以上のものを選んでいます。肝は血管を取り除き、水に漬けて血抜きをしますが、不完全だと中が赤く、良くない臭いがあり、中がオレンジ色ならうまく血抜きできています。アンコウには酸味が合い、茹でた各部位を肝入りの酢味噌で食べる"友酢和え"のイメージで、ソースには酸味豊かなシェリービネガーを使います。

### 材料／4人分

アンコウ　1/2尾
塩　適量
日本酒　適量
薄力粉　適量
E.X.V. オリーブオイル　適量
パンチェッタ　20g
バター　適量
エシャロット（みじん切り）　10g
パセリ、シェリービネガー　各適量

### 作り方

1 アンコウは、47ページの「アンコウのテリーヌ」を参照してさばき、2〜3の手順と同様に肝をテリーヌにする。
2 肝のテリーヌを適度な大きさに切り、表面に薄力粉を薄く均一にまぶす。フライパンにオリーブオイルを熱して強火で焼く。
3 身は塩で締めて1時間置き、水に30分さらして吸水シートにくるむ。適度な大きさに切って、パンチェッタで巻き、グリルで焼き色をつけたらオーブンで中が温まるまで火を入れる。
4 「七つ道具」のうちの身と肝以外の5つは、それぞれ塩水で30分煮てみじん切りにする。
5 鍋にバターとエシャロットを入れて熱し、香りが出たら4を加えて炒め、パセリとシェリービネガーで風味をつける。
6 バターとオリーブオイルを加えて水分を乳化させる。
7 皿に2の肝のテリーヌと3の身を盛り付け、6のソースを添える。

Grongo & Anguilla

## 穴子となすのグリル、パートブリック包み カルトッチョ見立て

chef 臼杵 哲也

パートブリックを崩すと、中から甘い風味の穴子が現れる、夏場に好評の料理です。開いた穴子は軽く蒸し、甘みと相性がいいので、煮詰めたバルサミコ酢をぬりながらオーブンで焼きます。これを、なすとともにパートブリックで包んでオーブンで仕上げます。一番のポイントは、生臭さの原因になる穴子のぬめりを丁寧に取り除くこと。また、穴子は加熱すると身が反りやすいので、蒸すときには軽く重しをして火を入れるようにします。

材料／1人分

パートブリック　1枚
穴子　40g
長なす（皮をむいてスライス）　2枚
モッツァレラチーズ（スライス）　20g
レタスの葉　1枚
タイムの葉（乾燥させたもの）　少々
バルサミコ酢（煮詰めたもの）　適量
E.X.V. オリーブオイル　適量
塩・胡椒　各適量

作り方

1　穴子は頭を落として腹から開き、内臓を出して水洗いする。皮目を上にして網にのせ、熱湯をかけて白くなった部分を包丁でしごいて取り除く。[写A]
2　1の穴子は天板に敷いたオーブンシートではさみ、重しをして蒸し、冷ましておく。レタスは、さっとボイルして氷水に落とし、水けをよく拭いておく。[写B]
3　2の穴子は、なすと同じ大きさにカットし、オーブンに入れる。少し色付いたら、煮詰めたバルサミコをハケでぬり、オーブンに戻す。この作業を3〜4回繰り返し、最後にタイムの葉をのせて焼き上げ、冷ます。[写C]
4　なすは皮をむき、軽く塩をしてグリルし、冷ます。
5　2のレタスの葉を広げ、4、3、モッツァレラ、3、4の順にのせ、包んだら、パートブリックを広げて中央にのせ、四隅を持ち上げて茶巾のようにタコ糸でしばる。[写D]
6　170℃のオーブンで7〜8分加熱したら、温度を200℃に上げてこんがりと焼く。[写E]
7　器に7を置き、周りに煮詰めたバルサミコを円を描くように5〜6回しかける。同様にオリーブオイルも回しかける。

A

熱湯で白くなった部分は、体表のぬめりで、臭みの原因。大量に仕込む場合は、並べて包丁ではなく新しいタワシでこすり取る。

C

穴子は甘みと相性が良い魚。すしの煮ツメをイメージし、半量ほどに煮詰めたバルサミコ酢をぬりながら焼く。

E

170℃で中の食材に火を入れたら、200℃に上げてパートブリックをパリッと焼き上げることで、包みを割ると湯気が立ち上がる。

B

穴子が反らないよう、加熱する。何度かに分けて加熱するので、ここで蒸すのは5分程度。

D

レタスで包むのは、パートブリックが水けに弱いことから、食材から出る水分が直接触れないようにするため。レタスの綴じ目は上にしてパートブリックで包む。

Grongo & Anguilla

# ウナギのロトンド　ヴィンコットソース

chef 鈴木 弥平

イタリアでウナギを食べるのはポー川沿岸やウンブリア州で、カルピオーネ（淡水魚のスカペーチェのこと）や赤ワイン煮込みなどにされています。ここでは脂がのりすぎない200g前後のものを使い、パリッと香ばしく焼いた皮目と淡泊な身に、ヴィンコットソースの甘みとコクを加えて全体のバランスを取ります。ラグーに仕立ててパスタにしても美味しい一品ができます。

材料／4人分

ウナギ　4尾
塩、白胡椒　各適量
生ハム　12枚
薄力粉　適量
E.X.V. オリーブオイル　適量

〈芋のソース〉
じゃが芋　150g
玉ねぎ　10g
生クリーム　100g
プロボローネ　30g

〈ヴィンコットソース〉
エシャロット　10g
バター　5g
ヴィンコット　20g
スーゴ・ディ・カルネ（白子のソテー　赤ワインビネガーソースを参照）　20g

作り方

1　ウナギは、開いて肝などの内臓を取り除き、背骨と頭をはずす。肝は取っておく。

2　1に塩、胡椒をして身の側に生ハムをのせ、まん中に1の肝をのせて巻く。

3　巻いた状態の2を蒸し器で60分蒸し、粗熱が取れたら冷蔵庫で1日寝かせる。

4　3は薄く均一に薄力粉をまぶし、オリーブオイルで焼く。表面がこんがり焼けたら、オーブンで中心が熱くなるまで加熱する。

5　芋のソースを作る。皮をむいたじゃが芋と玉ねぎは、さいの目に切ってオリーブオイルで炒める。

6　中までしっかり火が通ったら生クリーム、プロボローネとともにミキサーにかけてなめらかにする。鍋で温めて濃度を調整する。

7　ヴィンコットソースを作る。鍋にバターと薄切りのエシャロットを入れて炒める。香りが出たらヴィンコット、スーゴ・ディ・カルネを加えて詰め、バター（分量外）を加えて乳化させる。

8　皿に6の芋のソース、7のヴィンコットソースを流し、4を半分に切って盛り付ける。

Gamberetto & Granchio

# アカザエビのカダイフ巻き ヴィネガー風味 レモンの泡と共に

chef 和氣 弘典

甘みやうま味が強いのがアカザエビ。新鮮なアカザエビの甘みを活かすために、ここでは完全には火入れしません。カリッとした食感を出すために、エビをカダイフで巻き、器にローストアーモンドをのせました。エビは油で揚げたあと、オーブンで加熱して余分な油を落とします。レモングラスとレモンの泡を添え、酸味と香りをアクセントにしました。

材料／作りやすい分量

アカザエビ　4尾
カダイフ　適量
塩・胡椒　各適量
ヒマワリ油（揚げ油用）　適量
レモンバーム　適量
ローストアーモンド（スライス）　適量

〈ソース〉
ホワイトバルサミコ酢　50cc
レモン汁　10cc
E.X.V. オリーブオイル　150cc
グラニュー糖　15g

〈レモンの泡〉
レモン汁　20cc
水　100cc
レシチン　3g

作り方

1　アカザエビは、テールの部分だけ殻を外し、背ワタを取る。卵を持っている場合は、卵は取っておく。身の部分に塩、胡椒をし、テールの部分だけにカダイフを巻き付ける。カダイフは、乾燥しやすいので霧吹きなどで適度に湿らせながら作業する。

2　170℃のヒマワリ油で素揚げする。一度油に入れるとカダイフが散るので、散った油からすくい取り形を整えて再度揚げる。

3　ホワイトバルサミコ酢、レモン汁、オリーブオイル、グラニュー糖、塩をよく撹拌しソースとする。

4　レモンの泡を作る。レモン汁、水、レシチンを混ぜ合わせ、エアーポンプで泡を作る。

5　器に2のエビを盛り、3のソースをか、4の泡をのせる。レモンバームとアーモンドをちらす。1で取っておいた卵をふる。

Gamberetto & Granchio

# オマールエビのボイル　フォンデュータソース　ポテトのスフォルマート添え

**chef** 臼杵 哲也

オマールエビがどんと乗ったボリューム感で、見た目のインパクトもあることから、婚礼料理としても人気の料理です。ただし作り方はシンプル。オマールエビは塩分濃度3％の湯で茹で、うま味が流れないようにします。パルミジャーノのフォンデュータは、通常より牛乳を多くしてさらっと仕上げます。じゃが芋はスフォルマートにしてアクセントとして添えます。

## 材料／1人分

オマールエビ　1尾
トマト　1/4個
あさつき　3本
塩　適量

〈パルミジャーノのフォンデュータ〉
卵　2個
パルミジャーノ　70g
生クリーム　80cc
牛乳　20cc

〈じゃが芋のスフォルマート〉
じゃが芋（茹でて粗くつぶしたもの）　40g
溶き卵　大さじ2
パンチェッタ（みじん切り）　小さじ1
生クリーム　大さじ1
あさつき（小口切り）　小さじ1/2
バター　少々
塩・胡椒　各適量

## 作り方

1. パルミジャーノのフォンデュータを作る。ボウルに全ての材料を入れ、よく混ぜる。
2. ボールごと弱火の湯せんにかけ、ゴムベラでよく混ぜながらとろりとするまで火を入れる。硬くなった場合は水少々でのばす。
3. オマールエビは、塩分3％の湯でボイルし、ザルにあける。
4. トマトは湯むきして、果肉をダイスにカットする。
5. あさつきは、先の細い部分を飾りとしてとっておき、残りは小口切りにする。
6. じゃが芋のスフォルマートを作る。塩・胡椒以外の全ての材料をボウルに入れ、よく混ぜたら、塩・胡椒で味を調え、セルクルに詰め、180℃のオーブンで8分間焼き上げ、セルクルを外す。
7. 2を皿にしき、中央に6をのせる。殻を外した3をのせ、周りに4と、小口切りの5をちらす。オマールエビの飾りとして、あさつきを立てかける。

Gamberetto & Granchio

# 伊勢エビのアルゲーロ風

chef 臼杵 哲也

アルゲーロは、サルデーニャ島にある港町のこと。アルゲーロ風とは、伊勢海老を使った代表的な料理です。シンプルにエビの魅力を味わう料理で、日本の酒蒸しに近い料理と言えます。主に使う素材は、フィノッキオにベルメンティーノ種のワインとブロード。蒸し上げた伊勢エビは取り出し、煮汁を煮詰めてソースとし、エビにかけて楽しませます。

### 材料／1人分

伊勢エビ　1尾
フィノッキオ（厚めのスライス）　20g
玉ねぎ（厚めのスライス）　20g
白ワイン　30cc
ブロード・ディ・ポッロ　90cc
ワインビネガー　20cc
レモン汁　10cc
E.X.V. オリーブオイル　30cc
塩・胡椒　各適量

〈付け合せ〉
赤玉ねぎ（スライスし水にさらしたもの）　適量
イタリアンパセリ　適量
フィノッキオ（葉の部分）　適量

### 作り方

1. 伊勢エビは半割りにする。
2. フィノッキオと玉ねぎは、鍋にしき込み、白ワインとブロードを注ぎ、1を殻を下にしてのせる。伊勢エビの上に軽く塩をして蓋をし、蒸し上げる。
3. 伊勢エビに火が通ったら、伊勢エビと野菜を取り出す。
4. 3の鍋の煮汁に、ワインビネガー、レモン汁を加え、半量になるまで煮詰める。味を見てオリーブオイルを加えソースとする。
5. 3の伊勢エビは、殻から身を外してひと口大にカットし、殻に戻す。
6. 器に3の野菜をしき、その上に5をのせる。4のソースを回しかけ、付け合せの赤玉ねぎ、イタリアンパセリ、フィノッキオの葉を飾る。

| Gamberetto & Granchio |

## カニのソーセージ

 岡村 光晃

タラバガニと毛ガニ、ホタテを茹でて身をほぐし、フードプロセッサーで挽き肉状にし、卵白をつなぎにしたソーセージです。カニ肉のソーセージは、日本では馴染みが薄いかもしれませんが、ふわっとした食感と口の中に広がるうま味は、肉のソーセージとは違う味わいが楽しめます。焼かずに60℃の湯でゆっくりと火を入れて、うま味を閉じ込めました。

材料／2人分

タラバガニ（身）　100g
毛ガニ（身）　100g
ホタテ　2個
卵白　3g
ディル、白ワイン　各適量
豚腸　適量

〈カニのラグーソース〉
カニの身（タラバ、毛ガニ）　適量
玉ねぎ（みじん切り）　1/2個分
アンチョビ　適量
ホールトマト　適量
E.X.V. オリーブオイル　適量

イタリアンパセリ（みじん切り）　適量

作り方

1　カニとホタテは茹でてフードプロセッサーに入れて混ぜ、卵白を加えながら挽き肉状にし、ディルを加える。
2　1に白ワインを加えて固さを調節し、豚の腸に詰める。
3　鍋にたっぷりの水を入れて火にかけ、湯温を60℃に保ちながら2を35分茹でる。
4　カニの身と玉ねぎ、アンチョビをオリーブオイルで炒め、ホールトマトを加えてさっと煮込み、ソースを作る。
5　器に4のソースを入れ、3を盛り、イタリアンパセリをちらす。

Gamberetto & Granchio

## ソフトシェルクラブの黄金焼き

chef 今井 寿

ヴェネツィアの郷土料理「モエーケ・コル・ピエン（Moeche col pien）」をアレンジした料理です。本来は、生きているソフトシェルクラブを卵黄に漬けて溺れさせ、粉を付けて揚げたもの。殻の中にカニが飲んだ卵黄がぎっしり詰まっていてとても美味しい一品です。日本では生きたソフトシェルクラブは手に入りませんので、卵黄は揚げ衣としてたっぷりとカニに付けるようにします。卵白は使わないのがポイントです。

材料／2人分

ソフトシェルクラブ　大2杯
卵黄　3個分
パセリ（みじん切り）　少々
塩・胡椒　各適量
E.X.V. オリーブオイル　適量

パセリ（飾り用。みじん切り）　適量
ルッコラ　適量
チコリ　適量
E.X.V. オリーブオイル　適量

作り方

1　ソフトシェルクラブは、塩、胡椒をする。
2　卵黄とパセリをボールで混ぜ合わせ、1を入れてよくからめる。
3　フライパンにオリーブオイルを入れて軽く熱し、2を入れて焼き上げる。
4　油をきって器に盛り、ルッコラ、チコリを添える。オリーブオイルをふり、パセリをちらす。

Calamari & Polpo

# イカの詰め物　シラクーザ風

chef 岡村 光晃

シラクーザはシチリア島の島南端に位置し、新鮮な魚介が豊富。定番料理ともいえるイカの詰め物は、日本でいえばイカ飯のようなもの。詰め物は、パン粉、チーズが主で、その他加えるものに特に決まりはありません。ゲソも加えて食感にアクセントを出し、他にもモルタデッラや松の実、ピスタチオを加えて風味を加えます。詰め物を入れすぎると、加熱中パンクすることがあるので、詰め過ぎないように注意が必要です。

材料／2人分

ヤリイカ　1杯

〈詰め物〉
モルタデッラ（5mm角切り）　10g
にんにく（みじん切り）　10g
ピスタチオ　10g
松の実　10g
モッツァレラ（5mm角切り）　10g
プロヴォローネ（5mm角切り）　10g
パン粉　10g
茹で卵（5mm角切り）　10g

E.X.V. オリーブオイル　適量
白ワイン　少々
トマトソース　適量
イタリアンパセリ　適量

レタス　適量
レモン（スライス）　1個分
フルーツトマト　5～6個
黒オリーブ（スライス）　適量

作り方

1　ヤリイカをさばく。エンペラの部分を持ち、ゲソとつながった内臓類と墨袋を抜き取る。ゲソは内臓類と墨袋を切り取り、クチバシと目を取り除き、刻んでおく。胴は中の甲羅を取り出し、エンペラは付けたまま皮をむいておく。[写A]
2　詰め物の材料は、すべてボールに入れ、1のゲソも加えてよく混ぜておく。
3　1のヤリイカの胴の中に2を詰めて、楊枝で入れ口を留める。[写B]
4　フライパンにオリーブオイルを熱し、3をさっと焼いて白ワインをふり入れ、アルコール分を飛ばす。トマトソースを加えて軽く煮込む。[写C]
5　イカを取り出して輪切りにし、器に盛り付けてソースを注ぐ。
6　器の周囲にレタス、レモン、フルーツトマト、黒オリーブを飾る。

ヤリイカは、詰め物をするため胴に包丁は入れず、ゲソとともに内臓を抜き取り、皮をむき、ゲソは詰め物に入れるために小さく刻んでおく。

詰め物の材料を合わせ、イカにスプーンで詰めていく。パンパンに詰めてしまうと、加熱中に破裂してしまうことがあるため、余裕をもって詰めるのがポイント。楊枝でしっかり留める。

イカはソテーしてワインで香りを付け、トマトソースで煮込む。イカのうま味がトマトと合わさり、さらにうま味が増す。

Calamari & Polpo

# 真ダコの赤ワイン煮込み

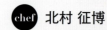 北村 征博

オーソドックスなタコの煮込みです。タコは赤ワインとも相性が良く、トマト煮よりもさっぱりとした味わいが特徴。煮込む際は圧力鍋を使うと、短時間でやわらかく煮上げられます。下にはやわらかく炊いたポレンタをしきました。なおタコの下処理では、私は塩をせずに流水でこすり洗いをしてぬめりをとることで、身に塩味が入り過ぎないようにしています。

### 材料／4人分

タコ（1kgくらいのもの）　1杯
赤ワイン　500cc
トマトホール　200g
E.X.V. オリーブオイル　大さじ2
塩　少々

ポレンタ粉　30g
水　適量

### 作り方

1. タコは、流水でよく洗ってぬめりを取り、内臓と墨袋を取り除く。頭を切り離し、足は目とクチバシを切り取り、1本ずつに切り離す。
2. 鍋に1、赤ワイン、トマトホールとオリーブオイルを入れ、蓋をして、弱火でタコがやわらかくなるまで煮る。煮上がったら、塩で味を調える。
3. ポレンタと水を鍋に入れて火にかけ、絶えず混ぜながら30分ほど炊き上げる。
4. 3のポレンタを器にのせ、2のタコを盛り付ける。

Mollusco

# ムール貝のティエッラ　プーリア風

chef 今井 寿

イタリア半島の"かかと"部分に位置するプーリアは、ムール貝をよく食べる地域としても知られています。これはその家庭料理。器の下には、じゃが芋、お米、玉ねぎ、トマトなどを和えたものが入っていて、まるで「丼」のような一品です。お米は野菜の一種なので、イタリアではセコンドピアットですが、日本ではプリモピアットとしてもいいでしょう。

材料／4人分

- ムール貝　500g
- 米　125g
- じゃが芋　250g
- トマト　250g
- ペコリーノ　100g
- 玉ねぎ（スライス）　1個分
- にんにく　1片
- 白ワイン　90cc
- 水　約130cc

作り方

1. ムール貝は鍋に入れて火にかけ、白ワインと水を注いで蓋をして、口が開いたら取り出し、半量は身を取り出し、残りは殻付きのままにしておく。煮汁は取っておく。
2. じゃが芋は皮をむき、トマトとともに5mm厚さにスライスしておく。
3. 耐熱の器を用意し、内側ににんにくを擦り付けて香りを移し、玉ねぎ、2のじゃが芋とトマト、米、1のむき身、ペコリーノの順で2回繰り返し、最後に2とペコリーノをのせる。
4. 3はひたひたになるくらいの1の煮汁を注ぎ、180℃のオーブンに入れて40分ほど炊き上げる。
5. 炊き上がったら、1の殻付きムール貝を盛り付ける。

| Mollusco |

## ムール貝の詰め物カツレツ
## マリナーラソース

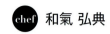 和氣 弘典

　長さ20cm、1個500gという、誰もが驚く超特大のムール貝を使ったカツレツです。このムール貝は、青森から千葉の辺りの深海の岩場で獲れるそうで、知る人ぞ知る素材です。ムール貝はさっと火を入れて身を外し、貝の臭みを消すためにカレーの風味をきかせて固めに作ったベシャメッラを詰めています。衣を付けたら、多めの油で揚げ焼きにしますが、高温だと貝の身が縮んでしまいますので、低温で焼き色を付けます。ムール貝は夏のイメージの素材ですので、付け合せには冬瓜を使いました。

## 材料／4人分

ムール貝　500g×4個
白ワイン　50cc
水　50cc
にんにく　1片
クミンシード　適量

〈ベシャメッラ〉
無塩バター　40g
薄力粉　40g
牛乳　250cc
カレー粉　1g
卵黄　1個分

小麦粉　適量
卵　適量
ドライパン粉　適量
冬瓜　1/4個

〈マリナーラソース〉
にんにく（みじん切り）　1/2片分
トマトソース　100cc
アンチョビ（フィレ）　2枚
ドライオレガノ　一つまみ
E.X.V.オリーブオイル　適量

## 作り方

1. ジャンボムール貝は、タワシなどで殻の表面の汚れを洗い流す。ヒゲ（足糸）はそのままにしておく。［写A］
2. 鍋につぶしたにんにくとオリーブオイルを入れて火にかけ、にんにくがきつね色になったら、1のムール貝、白ワイン、水を入れ、蓋をし蒸して火を入れる。
3. 殻が少し開いたら火から外す。ムール貝には完全に火を入れないよう注意する。［写B］
4. 貝柱を切り離して身を取り出し、ヒゲを根元から切り取り、ヒモの部位を切り取る。煮汁は取っておく。［写C］
5. ベシャメッラを作る。鍋でバターを溶かして薄力粉を炒め、牛乳を入れて炊く。炊き上がりに卵黄を落として素早くかき混ぜ、カレー粉を入れて混ぜ合わせ、冷ましておく。
6. 付け合せの冬瓜を調理する。皮をむいて種を取り、3cm×3cm×8cmにカットし、4で取っておい煮汁に入れて柔らかくなるまで煮たら、冷ましておく。
7. ソースを作る。鍋ににんにくとオリーブオイルを入れて火にかけ、香りが出たらアンチョビを加え炒める。トマトソースを加えて煮込み、オレガノを加えて味を調える。
8. 3のムール貝は、水けをよく拭き取る。［写D］
9. 5のベシャメッラを詰め、小麦粉、卵、パン粉の順に衣を付ける。［写E］
10. フライパンにオリーブオイルを多めに注ぎ、弱火で9を焼く。［写F］
11. 器に6の冬瓜を盛り、10をのせ、7のソースをかける。クミンシードをちらす。

A

通常のムール貝の10倍はあるサイズ。ヒゲは硬くて取れないので、この段階ではそのままでよい。

B

このムール貝は、身からジュースが出やすく、身が縮みやすい。火は完全に入れず、ここでは殻を開けるだけ。

C

ヒゲはここで根元から庖丁で切り取る。あわせて、ヒモの部分もカットする。

D

水けをよく拭き取る。水分があるとベシャメッラがくっつかず、はがれてしまう。

E

ベシャメッラを詰めたら、口を軽く押さえてから、衣を付ける。

F

身が縮みやすいので、弱火で揚げ焼きにする。こんがりときつね色になったら、引き上げる。

Mollusco

# ホタテ貝のレア揚げ
# じゃが芋のピューレ添え
# 茸のクリームソース

ホタテは新鮮なものでも、生より少し火を入れることで甘みが増す素材。ただ、ソテーやグリルではなかなか均等に火を入れられないので、145ページの伊勢エビのように高温の油で油通しをすることで、均等に火入れしています。湯通しではうま味が流れてしまうので、高温になる油が最適です。仕上げは、じゃが芋のピューレにソースを流し、その上にホタテを盛ります。

chef 和氣 弘典

材料／4人分

殻付きホタテ　8個
塩　適量
粗挽き黒胡椒　適量
舞茸　適量
マイクロベビーリーフ　適量

〈じゃが芋のピューレ〉
じゃが芋（メークイン）　200g
牛乳　50cc
無塩バター　20g

〈茸のクリームソース〉
マッシュルーム　15個
生クリーム　100cc
無塩バター　15g
E.X.V. オリーブオイル（揚げ油用）　適量
小麦粉　適量
塩・胡椒　各適量

作り方

1　ホタテは殻から外し、貝柱とヒモに分け、ヒモはしっかりと汚れを落としておく。
2　じゃが芋のピューレを作る。メークインは皮ごと丸のまま塩茹でにする。茹で上がったら裏漉しにかける。
3　鍋に牛乳を入れて人肌に温め、バターを入れて溶かし、2を入れて練りすぎないように混ぜ合わせてじゃが芋のピューレとする。
4　ソースを作る。マッシュルームは粗く刻み、バターを熱した鍋に入れて炒める。
5　水分を飛ばしたら、ミキサーでペースト状にし、生クリームとともに鍋に入れて煮詰め、味を調えてソースとする。
6　1のホタテ貝柱は塩、胡椒をし、小麦粉を付け、190℃に熱したオリーブオイルに入れ、サッと揚げる。ヒモも同様に揚げる。高温の油で揚げる事により、中は生で周りだけ均一に火が入り、うま味が増す。舞茸は素揚げにする。
7　器に3のピューレをしき、カットした6の貝柱とヒモを盛り付け、上に塩と粗挽き黒胡椒をふる。5のソースをかけ、6の舞茸とマイクロベビーリーフを添える。

Mollusco

# ホタテのカリカリ焼き

 鈴木 弥平

ホタテは、特有の甘みを引き立てるためにグアンチャーレで巻き、脂分と塩味を加えます。さらに、カダイフで巻いて強火で揚げるように焼き、食感に変化もつけます。ホタテの中心がレアくらいに焼くと余熱で火が入り、提供する時点でちょうど良い状態になります。ソースの軽やかな味わいが、ホタテともサクサクのカダイフとも良く合います。

材料／4人分

ホタテ貝柱　4個
グアンチャーレ　8〜12枚
カダイフ　100g

〈ソース〉
トマト　1/2個
ズッキーニ　1/2本
エシャロット（みじん切り）　20g
バター、白ワイン、塩　各適量
レモン汁　少々

E.X.V オリーブオイル　適量
セルフィーユ　適量

作り方

1　ホタテ貝柱は、グアンチャーレ、カダイフの順で巻く。
2　ソースを作る。トマトとズッキーニはそれぞれに2mm角に切り、ズッキーニは下茹でしておく。
3　鍋にエシャロットとバターを入れて炒め、香りが出たら白ワインを注ぎ、塩で味を調えてシノワで漉す。
4　3を鍋に入れて再度火にかけ、レモン汁を加え、バターを加え乳化させる。トマトとズッキーニを加える。
5　1のホタテをオリーブオイルで強火で揚げるように焼く。中心が生くらいに仕上げて油をきる。
6　4のソースを皿にしき、5のホタテを盛り付けてセルフィーユを飾る。

Altro

# 海の幸の網脂巻き（ホタテ・ウニ・ホッキ貝）アンチョビクリームソース

chef 和氣 弘典

生でも食べられる貝類とウニを、バジルとともに網脂に包んで半生にソテー。貝類は食感と味わいを、ウニは甘みを凝縮させます。網脂を使うのは、素材に完全に火が入らないようまとめて形づくるためと、淡白な味わいに脂のコクをプラスするためです。卵型に成形することでボリュームも出ますし、くずす楽しみも出せます。アンチョビソースで楽しませます。

材料／4人分

殻付きホタテ　4個
ホッキ貝　4個
ウニ　200g
バジリコ　8枚
網脂（15cm×15cm）　4枚

〈アンチョビクリームソース〉
にんにく（みじん切り）　1/2片分
アンチョビ（フィレ）　6枚
E.X.V. オリーブオイル　適量
生クリーム　200cc
無塩バター　20g
塩・胡椒　各適量

作り方

1 ホタテ貝、ホッキ貝はそれぞれ殻を外し、ホタテは貝柱を半分にスライス、ホッキ貝は半分に切り内臓を取り掃除しておく。
2 網脂を広げ、半分にスライスしたホタテを一枚のせて塩をし、その上にバジリコ、ウニ、小柱、ホッキ貝の順でのせる。もう一度同じように上に重ね、網脂で巻く。
3 フライパで2を焼く。中まで火を入れず、網脂だけをしっかり焼き、魚介は余熱で火を通す。
4 ソースを作る。鍋ににんにく、アンチョビ、オリーブオイルを入れて火にかけ、炒める。香りが出たら生クリームを入れて煮詰め、別容器に移す。バターを入れてバーミックスなどで混ぜ、乳化させてソースとする。
5 器に3を盛り付け、4のソースを流す。

Altro

# フリットミスト ディ マーレ

chef 岡村 光晃

イタリアでは、祝いの席などでこの魚介の揚げ物の盛り合わせがテーブルを彩ります。エビ、イカ、飯ダコ、ワカサギ、穴子など、素材によって、衣をつけて揚げるか素揚げにしますが、たっぷりと盛り合わせるのが、イタリアらしいところです。晴れの日は、絵付けの器で華やかさを演出することが多いので、店でも絵付けの皿で提供しています。

材料／2～3人分

ヤナギカレイ 1尾
飯ダコ 2杯
ワカサギ 2尾
ヤリイカ 1杯
穴子 ※尾
キス 1尾
エビ 2尾

〈フリット生地〉
ビール 350cc
強力粉 200g
ドライイースト 5g

ピュア・オリーブオイル（揚げ油） 適量

サラダ（付け合わせ用） 適量
レモン 1/2個
イタリアンパセリ（みじん切り） 適量

作り方

1 ヤナギカレイはウロコを引き、頭を切り取り、内臓を引き出して水洗いしておく。飯ダコは、頭から内臓を抜き取り、クチバシと目を外しておく。ワカサギはさっと水洗いしておく。ヤリイカはゲソを抜いて内臓を切り取り、目とクチバシを外しておく。穴子は体表のヌメリを落とし、開いて中骨を取り、頭を落としてヒレを切り取り、水洗いしておく。

2 ヤナギカレイ、飯ダコ、ワカサギ、ヤリイカは、強力粉をまぶし、残りの材料は、フリット生地を合わせて衣をつけ、ピュア・オリーブオイルでカリッと揚げる。

3 器に2を盛り、サラダ、レモンを添え、イタリアンパセリをふる。

## Altro

### エビを挟んだスズキと<br>ムール貝のオーブン焼き

chef 臼杵 哲也

フィレにしたスズキでエビを挟み、パン粉を付けてソースで煮込んだ料理です。フランス料理ではエビはムースにしますが、エビは叩いたままを挟むことによって、プリッとした食感を残します。エビの食感とあわせ、だしを含ませたスズキのしっとり感、パン粉のカリッとした歯触りと、3種類の食感を楽しませます。ムール貝はソースの中にで加熱し、うま味をさらに濃厚にします。

**材料／1人分**

スズキ（フィレにして1枚40g
　にスライスしたもの）　2枚
ムール貝　2個
E.X.V. オリーブオイル　適量
パン粉　適量

〈ソース〉
プチトマト　2個
セミドライトマト（みじん切り）
　少々
ケッパー　5g
黒オリーブ　3個
にんにく（みじん切り）　少々
ガルム　小さじ1/2
ブロード・ディ・ポッロ
　150cc
塩・胡椒　各適量
E.X.V. オリーブオイル　適量

〈小エビの詰め物〉
小エビ（むき身）　30g
コーンスターチ　少々
ヴェルモット　少々
塩・胡椒　各適量

**作り方**

1　ソースを作る。鍋にオリーブオイルとにんにくを入れて火にかける。香りがしてきたら、セミドライトマト、ケッパー、黒オリーブを加え、軽く炒める。

2　ブロードを注ぎ、ガルムを加えて少し煮詰め、半割りにしたプチトマトを加え、塩・胡椒で味を調える。味は薄めにしておく。

3　小エビの詰め物を作る。まな板に小エビを置き、塩・胡椒とヴェルモットをふりかけて庖丁で叩く。途中でコーンスターチを少々ふりかけ、ある程度肉の食感を残すよう叩いておく。

4　3を楕円形にまとめてスズキの上に広げ、残りのスズキを重ねる。表面にオリーブオイルをぬり、パン粉を付ける。

5　鍋に2のソースをしき、4、ムール貝をのせる。蓋をせず、オーブンで火を通す。

Altro

# アクア ディ マーレ

魚一尾丸ごとを様々な魚介やオリーブと共に煮込んだシチリアの定番料理で、アクアパッツァの豪華版といったところです。魚介のだしが混ざり合って、深みのある味が出るのがこの料理の魅力。今回はホウボウを1尾使いましたが、他に、スズキや鯛、カサゴなど、好みの白身魚で作れます。深鍋のまま提供すると、漁師料理らしさが際立ちます。

chef 岡村 光晃

## 材料／4～5人分

- ホウボウ 1尾（1～1.5kg）
- マテ貝 4本
- アサリ 8個
- ムール貝 4個
- ホタテ貝 2個

- オリーブ 2個
- プチトマト 2個
- ケッパー 適量
- オレガノ 適量
- にんにく 2片

- E.X.V. オリーブオイル 150cc
- ブロード・ディ・ペッシェ 100cc
- 水 100cc
- 塩 適量
- イタリアンパセリ（みじん切り） 適量

## 作り方

1. ホウボウは腹を割いて内臓を取り出し、血合いをかき出して水洗いし、背ビレの両側に切れ込みを入れておく。貝類は殻の汚れを取り、砂出ししておく。タコはひと口大にカットし、グリル板で焼き目を付けておく。
2. 鍋につぶしたにんにくとオリーブオイルを入れて火にかけ、香りが出てきたら1の魚介類を入れ、ブロード、水、オリーブ、ケッパーを加え、塩をして蓋をし、煮込む。
3. 魚に火が入り、煮汁がとろりとしてきたら、器に盛る。
4. イタリアンパセリをちらす。

[Altro]

## リグーリア風魚介鍋　チュッピン

chef 今井 寿

リグーリアの魚市場で作られていた、素朴な漁師料理が発祥といわれています。余った魚や売り物にならない小魚などを、一つの鍋でごった煮にして漉したものです。このため、使う魚は決まっていません。作り方も、煮てから漉さない人もいますし、トマトを入れず水で煮て味付けするだけの人もいます。本来は魚介のスープとして楽しまれていますが、写真のように魚をのせるとセコンドにもできます。ここでは、アカゴチを使いました。

材料／4人分

好みの白身魚（写真はアカゴチ）　小4尾
E.X.V. オリーブオイル　適量

〈チュッピン〉
白身魚のアラ　300g
玉ねぎ（みじん切り）　100g
人参（みじん切り）　50g
セロリ（みじん切り）　50g
ベルモット酒　90cc
ダッテリーニトマト　90g
塩・胡椒　各適量
E.X.V. オリーブオイル　適量

作り方

1　チュッピンを作る。鍋にオリーブオイルを熱し、玉ねぎ、人参、セロリを入れてよく炒め、しんなりとしたら、魚のアラを入れて炒める。［写A］
2　魚の色が変わったら、ヴェルモット酒とトマトを加え、約10分、アクをとりながら煮込む。［写B］
3　煮込んだものは、ムーランで漉す。このとき水分がない場合は、水を足す。塩、胡椒で味を調えソースとする。［写C］
4　白身魚は、丸のまま使う場合はウロコを引き、内臓を取って塩、胡椒をする。
5　3を鍋に取って温め、4の魚を入れて火を入れる。［写D］
6　器に白身魚を盛り付け、ソースを上からかける。オリーブオイルを回しかける。

A

ソフリットを作り、魚のアラを入れる。骨付きの身など、だしの出やすい部位を使う。

C

ムーランで、骨ごと漉してソースとする。漉さずに使う場合は、骨は取り除く。

B

白ワインでも良いが、ヴェルモットはハーブの効果で魚の臭みを消すので、どの魚でも合う。トマトは甘みの強いダッテリーニを使用。

D

セコンドにする場合は、一皿に丸ごと1尾が使えて見栄えのする魚を組み合わせる。白身魚が良い。

| Altro |
|---|

## カチュッコ   chef 臼杵 哲也

トスカーナを代表する港町・リボルノの名物料理です。魚介の料理では珍しく赤ワインとトマトで煮る魚料理で、見た目に赤一色になりますので、見栄えを考えて私は白ワインを使うこともあります。基本的に香味野菜以外の野菜は入れず、その代わりにさまざまな魚介を入れて、それぞれの味わいを楽しみます。私は、季節の魚介を5種類は使って作っています。

### 材料／2人分

- メバル、イトヨリ、アカハタなど　1尾
- タコ足（ボイルしたもの）　1本分
- 甲イカ　1/2杯
- エビ　2尾
- アサリ　50g
- にんにく（みじん切り）　1/2片分
- 玉ねぎ（厚めのスライス）　1/4個分
- ペペロンチーノ・ピッコロ　1個
- 赤ワイン　90cc
- パッサータ　200cc
- 水　200cc
- E.X.V. オリーブオイル　適量
- イタリアンパセリ（みじん切り）　適量
- ブルスケッタ　2枚
- 塩・胡椒　各適量

### 作り方

1. 魚はウロコをひき、内臓を取って水洗いし、2つにカットしておく。タコ、イカは掃除をして、ひと口大にカットする。エビは背ワタを取る。アサリは一度塩でもんで、洗っておく。イカ、エビと魚には、塩・胡椒をしておく。
2. 鍋にオリーブオイルとにんにくを入れて火にかけ、にんにくの香りがしてきたら、ペペロンチーノ・ピッコロと玉ねぎを加えて軽く炒める。
3. ペペロンチーノを取り出し、1のタコ、イカ、エビを加え、軽く炒めたら、赤ワインを注ぎ、アルコール分を飛ばして、魚介類だけを取り出す。
4. 3の鍋にパッサータと水を入れ、10分ほど煮たら、1の魚を加え、途中で3で取り出した魚介と、1のアサリを加えてさらに煮る。
5. 塩・胡椒で味を調え、器に盛り付けてオリーブオイルを回しかける。イタリアンパセリをふり、ブルスケッタを添える。

Altro

# 魚介類のカルトッチョ

chef 今井 寿

紙包み焼きのカルトッチョは、包みを開けたときの香りと湯気で楽しさ・期待感を演出できる料理。ここでは透明のオーブンシートを使い、見た目にも楽しめるようにしました。中の魚介類は、旬のいろいろなものを使えます。ヘルシー感を高めるために野菜を増やしたり、香りも魅力の一つですので茸類を入れたりするのもいいでしょう。

### 材料／4人分

- 白身魚　2尾
- 有頭エビ　4尾
- タコ足　小1本
- アサリ　50g
- ムール貝　100g
- しめじ　50g
- 椎茸　50g
- マッシュルーム　4個
- プチトマト　12個
- バジリコ　適量
- ベルモット酒　45cc
- E.X.V. オリーブオイル　適量
- 耐熱クッキングシート　4枚

### 作り方

1. 白身魚は三枚におろし、中骨、腹骨を取る。
2. クッキングシートにオリーブオイルをたっぷりとしき、1と残りの魚介を盛る。塩、胡椒をしてバジリコをちぎり入れ、ベルモット酒、オリーブオイルをふる。
3. クッキングシートを四隅を持ち上げて茶巾のように閉じ、タコ糸でしばる。
4. 200℃に温めたオーブンに15分入れて火を通す。
5. 器に盛り、客席で口を開ける。

Pesci d'acqua dolce

## ヤマメのトローテ イン ブル

chef 北村 征博

料理名の「トローテ」とは、イタリアでは主にマスのことです。たくさん獲れたときに作る料理で、保存がきくよう、沸騰させた酢で〆てから、白ワインを使ってコトコト長時間煮ます。頭から尾まで食べられ、中骨は取り除いているのではないかと思うほどやわらかく煮上がり、適度な酸味で川魚特有のクセも気になりません。仕上げに溶かしバターをかけて食べます。

材料／30人分量

ヤマメ　30尾

A
白ワインビネガー　500cc
水　500cc

B
白ワイン　1500cc
人参　1/4本
レモン　1/2個
黒胡椒　10粒
クローブ　10粒
ローリエ　3枚
イタリアンパセリの茎　20本

〈付け合せ〉1人分
じゃが芋　1カット
れんこん　1カット
白人参　1カット
金美人参　1カット

溶かしバター　15g
セルフィーユ　少々

作り方

1. ヤマメはエラと内臓を取り、塩をまぶして表面のぬめりをこすり洗いする。塩を洗い流し、水けを拭いて深めの容器に並べる。
2. Aの材料を鍋で合わせて火にかけ、沸騰させて1にかける。
3. 2はそのまま15分漬け込んだら、ヤマメを取り出してバットに移す。
4. Bの材料を鍋に入れて15分煮出したら、漉して3と合わせ、蓋をしてオーブンで2時間ほど火を入れ、取り出してそのまま置いて冷ます。
5. 4の冷ましたヤマメは、4の煮汁30ccと野菜を鍋に入れ、5分くらい煮る。
6. 味を調えて器に盛る。セルフィーユをのせ、溶かしバターをかける。

Pesci d'acqua dolce

# 鯉のポルケッタ風

**chef** 北村 征博

ポルケッタはイタリア各地で人気の仔豚の丸焼き料理。その「丸ごと調理」を、鯉1尾で表現しました。見た目にも豪快で、パーティの一品としても見栄えのする料理になります。鯉は内臓をぬいて、そこに細かく挽いた生ハムを詰め、さらにたっぷりの香草をきかせ、レモンの風味で焼き上げます。なお、鯉は小骨が他の魚には見られないような方向に不規則に入っていますので（79ページ参照）、サーブする際には注意が必要です。

### 材料／6人分

鯉（1.5kg大のもの） 1尾

A
生ハム（挽いたもの） 300g
ローズマリー 2枝
フェンネルシード 2掴み
にんにく 1/4片

レモン 1個
E.X.V. オリーブオイル 適量
塩・胡椒 各適量

### 作り方

1. 鯉はウロコを引き、内臓、エラを外して水洗いする。
2. 皮目に包丁を入れ、耐熱容器に入れ、塩、胡椒をする。
3. Aの材料を合わせ、少量を残して2の腹に詰め、残りを鯉の上にふりかける。
4. カットしたレモンを3の鯉の周りに置き、残った分は上から絞りかける。
5. 180℃のオーブンに入れ、約1時間ほど焼く。
6. 仕上げにオリーブオイルを回しかける。

| Balena |
|---|

## クジラの片面焼き

 北村 征博

市場で行き着けの魚屋で、ツチクジラを見かけたのがきっかけで使うようになった素材です。ツチクジラをシンプルに焼いてみたら美味しかったので、メニュー化しました。熱く焼いたフライパンで、片面だけを焼くのは、焼いた香ばしい風味と、生のジューシーな味わいを一度に楽しませるための技法。仕上げに塩とオリーブオイルだけをふります。

材料／1人分

クジラの切り身　150g
塩　少々
E.X.V. オリーブオイル　適量

〈付け合せサラダ〉
サラダミックス　40g
白ワインビネガー　少々
E.X.V. オリーブオイル　適量
塩　少々

作り方

1　フライパンを熱して小さじ1杯ほどのオリーブオイルを熱し、クジラを入れて片面に焼き色を付ける。
2　付け合せサラダはサラダミックスをボールに入れ、残りの調味料を加えてさっと混ぜる。
3　器に1を焼き色を付けた面を下にして盛り付け、2を添える。クジラの表面に塩をふるり、オリーブオイルをかける。

# KIMBO
## ESPRESSO ITALIANO

### イタリア人が愛してやまない
# Caffè Napoletanoを
~ 真のナポリコーヒー ~
## お届けします。

イタリアでコーヒーと言えばナポリ。
ナポリ生まれの「KIMBO(キンボ)」は、そんなコーヒーにこだわりを持つナポリの人たちに鍛えられたコーヒーメーカーです。

その品質の確かさは、イタリア国内の多くのカフェやレストランで選ばれているという事実が証明しています。モンテ物産が自信をもって、"イタリアの誇り、Caffè Napoletano～真のナポリコーヒー～"をお届けします。

### Barista Training
ナポリコーヒーの美味しい飲み方をご提案いたします。

モンテ物産 KIMBOブランド顧問 中川直也とKIMBO社バリスタが、ナポリコーヒー講習会を全国で開催します。ぜひ、スタッフのみなさまのスキルアップの機会としてご利用ください。

中川直也：イタリア国際カフェテイスティング協会（IIAC）認定講師兼バリスタ
IIACのマスタープロフェッショナルの称号をもつ（同協会の認定講師は、イタリア以外では3名のみ）
イタリアエスプレッソ協会認定エスプレッソスペシャリスト

www.montebussan.co.jp

# 索引

## 『ANA クラウンプラザホテル熊本 ニュースカイ レストラン サンシエロ』
シェフ・臼杵哲也

### 【ANTIPASTO】
マリネした海の幸とカポナータのズッパ…013
野菜とイカのマリネ　ガルム風味…017
ヒラメのカルパッチョ　マスカルポーネのタルタルとボッタルガ添え…024
北海道産水ダコのブッタネスカ…026
鯛のアフミカート　カルパッチョ仕立て…032・034
モッツァレラチーズとマンゴー、オマールエビのカプレーゼ…036・038
スペルト小麦と海の幸のサラダ…037・039
マグロとアボカドのサラダ仕立て　燻製したヴァージンオイルを添えて…037・039
パルマ産生ハムで巻いた小エビとメロン、ピノグリージョ風味のゼリー添え…041・043
白子をのせた玉ねぎのズペッタ　ピッツァ窯焼き…057

### 【PRIMO PIATTO】
ウニとタラコのクリームスパゲッティ…086
地タコとリングイネのブッタネスカ…096
ブカティーニのシチリア風　イワシのオイル煮添え…108
アオリイカとアスパラガスのカヴァテッリ　ンドゥイヤをきかせて…121
魚介とマッシュルームのカネロニ　ピザ窯焼きクイリナーレ風…126
白身魚とうずら豆のミネストラ…135
ハマグリとポロねぎの冷たいクレーマ　ピゼリーニのアクセント…137
アオサとズワイガニのリゾット…143
じゃが芋のニョッキ　アサリとムール貝のトマトソース…146
アオサ入りじゃが芋のニョッキ　クリームソース…147

### 【SECONDO PIATTO】
鯛の香草焼き　ハマグリとマッシュルームのクリームソース…159
イサキのカラブリア風…167
パンチェッタでロールしたカサゴのロースト　モスタルダ風味…177・179
カジキマグロのグリル　バルサミコソース　松の実入りパン粉添え…184・186
サーモンとトレッジョ　茸のパイ包み焼き…192
穴子となすのグリル、パートブリック包み　カルトッチョ見立て…194
オマールエビのボイル　フォンデュータソース　ポテトのスフォルマート添え…198
伊勢エビのアルゲーロ風…199
エビを挟んだスズキとムール貝のオーブン焼き…212
カチュッコ…216

## 『DA OLMO』
シェフ・北村征博

### 【ANTIPASTO】
ウナギのオレンジマリネ…016
サワラの玉ねぎマリネ…020
キャビアと黒米…029
ブリの藁燻製…033・035
ウチダザリガニのパンツァネッラ…036・038
バッカラのビチェンツァ風…061
ミミイカのインツィミーノ…063
子持ち鮎のオイル煮　熟成じゃが芋と香草のサラダ添え…069
クジラのバルサミコ煮込み…072
鯉の前菜盛り合わせ（テリーヌ、フリット、カルパッチョ）…078

### 【PRIMO PIATTO】
真鱈白子とちぢみほうれん草のスパゲットーニ…091
ハマグリと空豆のキタッラ…092
トラフグ白子と辛いフレッシュトマトソースのリングイネ…098
カメノテのタリオリーニ…102
ホタテと冬瓜のリゾーニ…114
そば粉のスペッツレ　牡蠣とねぎのソース…118
甘鯛のラサ…122
アンコウのブロデット…136
穴子のリゾット…142
鮎のカネーデルリ…149

### 【SECONDO PIATTO】
真鯛の甲羅焼き…155
ヒラメのロマーニャ風…160
クエの鱗焼き…176・178
サバのサフラン煮込み…185・187
ニシンのストゥルーデル…185・187
マグロとフェンネルシードのフライパン焼き…189・191
真ダコの赤ワイン煮込み…204
ヤマメのトローテ　イン　ブル…218
鯉のポルケッタ風…219
クジラの片面焼き…220

## 『OSTERIA Il Leone』
シェフ・和氣弘典

### 【ANTIPASTO】
アオリイカとボッタルガ　ミント風味のパンのフリット添え　空豆のクレーマ…022
ハモの炙り焼き…023
塩のパンナコッタ　鯛の昆布〆　ウニのクレーマ…028
オマールエビと野菜のスフォルマート…044・046
ポルチーニ茸とエビのトレヴィス巻き"ファゴット"　サフランのソース…053
牡蠣の塩味ザバイオーネオーブン焼き…055
ラルドを添えたボタンエビのボッコンチーニ　アンチョビ風味のブロッコリーソース…056
白子の生ハム巻きソテー　ヴェルモット酒とバターのソース…060
シラスのゼッポリーネ　ガエタオリーブのペースト添え…074
飯ダコのセモリナ粉揚げ　ウイキョウとオレンジのカポナータ添え…076

### 【PRIMO PIATTO】
イワシと松の実とレーズンの"シラクーサ風"スパゲッティ　オレンジ風味…088
地ハマグリのシブレット風味　リングイネ　チェリートマトのコンフィ添え…094
ブカティーニ　ペスカトーラ　紙包み焼き　レモン風味…110
燻製ヤリイカと菜の花のストロッツァプレーティ　ボッタルガ添え…117
パスタを巻いた真鯛のオーブン焼き　フレッシュトマトのソース…125
毛ガニのラビオリとスモークチーズのオーブン焼き　茸のソース…129
手長エビとリコッタチーズを詰めたトルテリーニ　イカ墨のソース　ヒイカのソテー添え…131
バッカラのスープ…133
ポルチーニ茸とトレヴィスのリゾット　伊勢エビの瞬間揚げ…144
じゃが芋とブラックオリーブのニョッキ　飯ダコの煮込みソース　セロリ風味…148

### 【SECONDO PIATTO】
ヒラメのじゃが芋巻クロスタ　アサリのソース　レモン風味…161
ヒラスズキのオーブン焼き　ローズマリーとレモンの風味…169
詰め物をしたカジキマグロのグリル　サルモリッリョ…171
金目鯛のウロコ焼き香草風味　焼きトマトとにんにくオイルソース…174
バッカラ　イン　ウミド…180・182
マグロの白ごま風味　赤玉ねぎのアグロドルチェ添え…188・190
アカザエビのカダイフ巻き　ヴィネガー風味　レモンの泡と共に…197
ムール貝の詰め物カツレツ　マリナーラソース…206
ホタテ貝のレア揚げ　じゃが芋のピューレ添え　茸のクリームソース…208
海の幸の網脂巻き（ホタテ・ウニ・ホッキ貝）　アンチョビクリームソース…210

## 『Piatto Suzuki』
オーナーシェフ・鈴木弥平

### 【ANTIPASTO】
カツオの炙り　野菜ジュレ添え…012
寒ブリの厚切りマリネ…021
飯ダコとじゃが芋のサラダ　アンチョビのソース
　…040・042
香箱ガニのスプマンテジュレ…044・046
アンコウのテリーヌ…045・047
真ツブ貝と青大根のグリル　オリーブ和え…051
北寄貝のグリル　香草のソース…052
白子のソテー　赤ワインビネガーソース…058
蒸しアワビの肝ソース…070
アオリイカの三種盛…077

### 【PRIMO PIATTO】
スパゲッティ　ワタリガニのラグー…087
カッペリーニ　甘エビ…089
スパゲッティ　グリルした牡蠣のトマトソース…090
リングイネ　墨イカと乾燥トマト…097
タリオリーニ　空豆とアサリ…103
イカ墨のタリオリーニ　ムール貝のソース…104
タリオリーニ　白子とカラスミ　京ねぎのソース
　…106
タリアテッレ　スカンピとポルチーニ茸のソース
　…107
カーサレッチェ　カジキマグロのラグー…115
スルメイカの肝のリゾット…140

### 【SECONDO PIATTO】
真鯛のソテー　桜エビのソース…154
ホウボウのセモリナ粉焼き　空豆のソース…172
金目鯛のサフランソース　野菜添え…176・178
カサゴのグアゼット…177・179
鱈とキャベツの軽い煮込み…180・182
鱈のコンフィ…181・183
マグロのタリアータ…188・190
アンコウのロースト…193
ウナギのロトンド　ヴィンコットソース…196
ホタテのカリカリ焼き…209

## 『Taverna I』
オーナーシェフ・今井　寿

### 【ANTIPASTO】
炙りサバとフルーツトマトのマリネ…019
カツオのブレザオラ…030
カッポンマーグロ…041・043
穴子のテリーヌ…045・047
タコのテリーヌ…048
イタリア風イワシのつみれと野菜のスピエディー
　ノ…050
シラスのティアーナ…054
イカの墨煮　ヴェネツィア風…062
タコのルチアーナ…066
じゃが芋と白身魚のコロッケ　アンチョビクリー
　ムのソース…073

### 【PRIMO PIATTO】
ボッタルガのスパゲッティ…084
スカンピのリングイネ…099
ズッパ・ディ・ペッシェ　シャラテッリ　ナポリ
　風…111
スモークサーモンとアボカドのクリーム　自家製
　ファルファッレ…116
カヴァテッリ　プーリア風…120
海の幸入りフレーグラのミネストラ…124
カニとリコッタチーズのカネロニ…128
エビのムースを詰めたイカ墨のファゴッティーニ
　甲殻類のソース…132
海の幸のミネストラ…134
魚介の玄米リゾット…138

### 【SECONDO PIATTO】
真鯛の海塩焼き…156
白身魚のサルティンボッカ…163
魚とじゃが芋のトルティノ…164
舌ビラメのフィレンツェ風…166
スズキのインパデッラ　マントバ風…168
パレルモ風イワシのベッカフィーコ…184・186
ソフトシェルクラブの黄金焼き…201
ムール貝のティエッラ　プーリア風…205
リグーリア風魚介鍋　チュッピン…214
魚介類のカルトッチョ…217

## 『TRATTOIA CHE PACCHIA』
シェフ・岡本光晃

### 【ANTIPASTO】
コハダのマリネ…014
サバのマリネ…018
金目鯛の湯引き…027
寒サワラのスモーク…033・035
墨イカとウイキョウ、カラスミのサラダ…040・
　042
バイ貝のマルケ風…064
煮ハマグリの冷菜…065
イワシのナポリ風…068
飯ダコと豆のオリーブオイル煮…071
太刀魚のアグロドルチェ…075

### 【PRIMO PIATTO】
スパゲッティ　イカ墨のソース…085
リングイネ　カモーリア風…093
リングイネ　ウニのソース…095
タリオリーニ　カツオ藁の香り…100
フェトチーネ　ムール貝、アサリ、シチリア風…
　105
ブカティーニ　イワシのソース　カターニャ風…
　109
スパッカテッラ　マグロホホ肉となすのラグー…
　112
ファルファッレ　エビとリコッタチーズのソース…
　113
魚介を詰めたラビオリ…130
アサリのリゾット　レモン風味　パレルモ風…
　139

### 【SECONDO PIATTO】
鯛のロースト…158
ヒラメの香草パン粉焼き…162
白身魚とじゃが芋、ケッパー煮込み…165
メカジキのカツレツ　パレルモ風…170
鱈とじゃが芋のメッシーナ風…181・183
マグロのカマのロースト…189・191
カニのソーセージ…200
イカの詰め物　シラクーザ風…202
フリットミスト　ディ　マーレ…211
アクア　ディ　マーレ…213

調理助手

『ANA クラウンプラザホテル熊本ニュースカイ　レストラン　サンシエロ』
／中川聖也、栂尾博之、木村祐哉、前田祥多、園村聡文、福田一也、長岡泉洋

『DA OLMO』／高久隼人

『OSTERIA Il Reone』／中西　翔、三浦正誉

『Piatto Suzuki』／渡邉俊樹、木下晃輔

『Taverna I』／飯出晃一

『TRATTORIA CHE PACCHIA』／小林篤士


編集／森　正吾
デザイン／Fast design office　吉野晶子
取材／高橋昌子、小石幸子
撮影／後藤弘行（本誌）、難波純子、佐々木雅久、野辺竜馬、スタジオ・コム（門司　祥）、池上勇人


「伝統料理」から「現代料理」まで。
## イタリア魚介料理

発行日　平成 27 年 3 月 29 日　初版発行

編　者　旭屋出版編集部
発行者　早嶋　茂
制作者　永瀬　正人
発行所　株式会社旭屋出版
　　　　〒107-0052
　　　　東京都港区赤坂 1-7-19　キャピタル赤坂ビル 8 階
　　　　郵便振替　00150-1-19572

　　　　販売部　TEL 03(3560)9065
　　　　　　　　FAX 03(3560)9071
　　　　編集部　TEL 03(3560)9066
　　　　　　　　FAX 03(3560)9073
　　　　旭屋出版ホームページ　http://www.asahiya-jp.com


印刷・製本　株式会社シナノ　パブリッシング　プレス

※許可なく転載、複写ならびに web 上での使用を禁じます。
※落丁、乱丁本はお取替えします。
※定価はカバーにあります。

© Asahiya Shuppan, 2015
ISBN-978-4-7511-1137-6　C2077
Printed in Japan